JN308618

新会社法対応 「精算表」完全理解

ベーシック簿記テキスト

田中久夫 [編著]

税務経理協会

はしがき

　本書は，簿記初学者のために新しいテーマの下に書き下ろされた簿記教科書である。

　一般に，初学者が目指す簿記の到達点は，簿記上のどのような取引に遭遇しても自分の頭の中に瞬間的・反射的に「仕訳」が思い浮かび，それを繰り返すことによって最終的には「精算表」が作成できる，というレベルにあると思われる。反面，最後の「精算表」の作成を意識しながら，それに適うようにその前提である各種の簿記取引の「仕訳」を行っていく，ともいえる。

　そこには，初学者にありがちな，問題に振り回されながらやみくもに解答を得ようとするのではなく，結論を意識しながら落ち着いて過程の処理ができる，といった簿記能力を身につけることが目指されるのである。

　そして，いわゆる日商簿記検定試験3級が目指すレベルもそこにある。

　そのため本書が目指したテーマとは，日商3級に必ず合格できるようなレベルを保ちながらも，並み居る従来の教科書とは異なる，初学者にとって分かり易い内容の教科書を作り上げよう，という決意であって，その下に次のような特徴点を意識して書かれている。

① 新会社法（平成18年5月施行）に完全に対応していること
② 「例題」を豊富に用意すること，そしてその例題の解答が最終ゴールである「精算表」においてどのように記載されていくかを解説するものであること
③ 各章末にはその章にて学習した内容の理解度を示す「練習問題」を付けたこと

④　本書の最後には複数の「巻末問題」を付けており，日商3級合格のために必要な問題レベルを明示し，繰り返し演習することができること
⑤　日商3級合格を目指す以上，商品売買の取引においては「3分法」のみを解説し，日商の問題には登場しない商品，商品売買益などを用いた分記法には言及しないこと
⑥　精算表の作成においても，日商3級合格のために必要な「決算整理仕訳」を最小限に絞り解説していること
⑦　文中，重要用語は「ゴシック体」にて明示し，学習のポイントとしていること

　本書における共同執筆者達は，全員がいずれかの大学にて簿記の授業を担当しているか，また実務において日常的に簿記に接しているかの専門家達であり，簿記初学者の簿記学習に対する悩み，苦しみについて深い理解を示している者達ばかりにお願いしている。そのような意識を共有している彼らから産み出された文章は，簿記初学者にとっては学習上なによりの道しるべとなるに違いない。

　したがって本書は，大学，短期大学，専門学校の学生諸氏，実務において簿記をマスターしなければならない企業人，これから会計上の資格（日商簿記検定，税理士，公認会計士など）を取得するためにまず簿記の学習からという資格取得希望者などに，最初に読んでいただきたい書物である。
　いや，実は簿記書は読んでいただくものではない。本書の中に出てくる例題を，実際に電卓をたたいて金額を計算し，それをペンで一文字ずつ記録していくというスキル（技術）のマスター（体得），まさに自らの身体に覚え込ませることが必要なのである。それゆえ，簿記能力の習得にはどうしても膨大な時間が費やされてしまうものなのである。
　共同執筆者達も皆，初学者だった頃，同じようにその技術を体得した経験を持っている。しかし，彼らの長年の経験は，簿記の学習法において，いかにす

はしがき

れば初学者にとって出来るだけ簡便に日商3級合格までが達せられるかの方法を導きだした。

そのノウハウの結実が本書なのである。

本書が，前述の目的を有する読者諸兄に愛用され，各自の目指す目的到達の一助になれば，それは編著者および共同執筆者達全員の喜びであり，誇りである。

最後に，このような企画の本書を上梓するにあたり，その連絡役として山﨑敦俊君（作新学院大学経営学部講師）および太田裕隆君（作新学院大学経営学部講師）には，大変お世話になった。この場を借りてそれを労いたい。また，税務経理協会の峯村英治部長からはさまざまな助言や貴重な資料をいただくなどして，大変なご苦労をおかけした。氏に対しても，深甚なる謝意を表するものである。

平成19年4月

編著者　田中　久夫

執筆者一覧 (担当章順)

田中　久夫（たなか　ひさお）…………第1章担当
　　高崎経済大学経済学部・大学院経済・経営研究科教授

太田　裕隆（おおた　ひろたか）…………第2章, 第8章担当
　　作新学院大学経営学部講師

大輪　好輝（おおわ　よしてる）…………第3章担当
　　作新学院大学経営学部講師
　　税理士（事務所：東京都豊島区池袋2－46－1　TEL.03－5951－1008）

岡田　裕之（おかだ　ひろゆき）…………第4章担当
　　国際医療福祉大学医療福祉学部講師

山﨑　敦俊（やまざき　あつとし）………第5章担当
　　作新学院大学経営学部講師

吉田　雅彦（よしだ　まさひこ）…………第6章担当
　　作新学院大学経営学部講師
　　税理士（事務所：茨城県結城市大字結城1110　TEL.0296－20－8038）

佐々木　隆（ささき　たかし）……………第7章担当
　　税理士（事務所：栃木県宇都宮市日の出1－6－17　TEL.028－610－8723）

田中　薫（たなか　かおる）………………第9章担当
　　清和大学法学部講師・高田短期大学オフィス情報学科講師
　　（中央大学大学院商学研究科商学専攻博士後期課程在籍）

後藤　小百合（ごとう　さゆり）…………第10章担当
　　高崎商科大学流通情報学部講師

目　　次

はしがき

第1章　簿記の基礎知識 …………………………………………… 1

第1節　企業の簿記 ……………………………………………………… 1
◆1　簿記の意味 ……………………………………………………………… 1
◆2　簿記の目的 ……………………………………………………………… 1
◆3　簿記の種類 ……………………………………………………………… 2

第2節　簿記の基礎概念 ………………………………………………… 3
◆1　資産・負債・純資産（資本） ………………………………………… 3
◆2　貸借対照表 ……………………………………………………………… 3
◆3　会 計 期 間 ……………………………………………………………… 4
◆4　資産・負債・純資産（資本）の増減と純損益の計算 ……………… 5
◆5　収益・費用の発生と純損益 …………………………………………… 6
◆6　損益計算書 ……………………………………………………………… 7

第3節　取引と勘定 ………………………………………………………10
◆1　取　　　引 ………………………………………………………………10
◆2　勘定と勘定科目 …………………………………………………………10
◆3　勘 定 口 座 ………………………………………………………………11
◆4　勘定の記入方法 …………………………………………………………11
◆5　取引要素の結合関係 ……………………………………………………13

第2章　簿記一巡の手続き……………………………15

第1節　仕訳と転記…………………………………15
◆1　仕　　訳……………………………………15
◆2　転　　記……………………………………16

第2節　仕訳帳と総勘定元帳………………………19
◆1　仕　訳　帳…………………………………19
◆2　仕訳帳の記入法……………………………19
◆3　総勘定元帳…………………………………20
◆4　総勘定元帳への記入………………………20

第3節　試　算　表…………………………………24
◆1　試算表の意味………………………………24
◆2　試算表の種類………………………………24

第4節　精　算　表…………………………………27
◆1　精算表の意味………………………………27
◆2　精算表の作成………………………………28

第5節　決　　　算…………………………………30
◆1　決算の意味…………………………………30
◆2　決算の手続き………………………………30
◆3　総勘定元帳の締切り………………………31
◆4　繰越試算表の作成…………………………35
◆5　仕訳帳の締切り……………………………35
◆6　損益計算書と貸借対照表の作成…………35

❖ 練習問題1 ❖ ……………………………………37

第3章　現金取引・伝票処理……………………………………45

第1節　現金・預金取引……………………………………………45
◆1　現 金 勘 定……………………………………………………45
◆2　現金過不足……………………………………………………47
◆3　小 口 現 金……………………………………………………50
◆4　当 座 借 越……………………………………………………53
第2節　伝 票 処 理…………………………………………………58
❖練習問題2❖ ………………………………………………………64

第4章　商品売買取引……………………………………………75

第1節　商品売買取引の記帳方法…………………………………75
◆1　分　記　法……………………………………………………75
◆2　総　記　法……………………………………………………75
◆3　3　分　法……………………………………………………76
◆4　3分法による売上総利益の計算……………………………78
◆5　3分法による決算時の勘定記入……………………………80
第2節　商品売買取引に関する補助簿……………………………84
◆1　仕訳帳・売上帳………………………………………………84
◆2　商品有高帳……………………………………………………86
第3節　掛取引の記入………………………………………………90
◆1　売掛金と買掛金………………………………………………90
◆2　人 名 勘 定……………………………………………………91
◆3　売掛金元帳・買掛金元帳と統制勘定………………………92
◆4　売掛金明細表と買掛金明細表………………………………93
◆5　貸倒れと貸倒れの見積もり…………………………………95

3

❖ 練習問題3 ❖ ……………………………………………………………104

第5章　有価証券・手形 ……………………………………117

第1節　有価証券の取得 ……………………………………………117
第2節　有価証券の売却 ……………………………………………119
第3節　配当・利息などの受取り …………………………………121
第4節　有価証券の評価 ……………………………………………123
第5節　手　　形 ……………………………………………………124
　◆1　約束手形の記帳 ……………………………………………124
　◆2　為替手形の記帳 ……………………………………………125
　◆3　手形の裏書きと売却 ………………………………………128
　◆4　受取手形記入帳と支払手形記入帳 ………………………130
　◆5　金融手形の記帳 ……………………………………………131
❖ 練習問題4 ❖ ……………………………………………………………133

第6章　固定資産 ……………………………………………135

第1節　有形固定資産の概要 ………………………………………135
　◆1　有形固定資産の種類と取得価額 …………………………135
　◆2　取得価額と付随費用 ………………………………………136
　◆3　修繕費と資本的支出 ………………………………………136
第2節　有形固定資産の減価償却方法 ……………………………140
　◆1　減価償却の概要 ……………………………………………140
　◆2　減価償却の計算方法 ………………………………………140
　◆3　減価償却の記帳方法 ………………………………………141
第3節　有形固定資産の売却 ………………………………………144
　◆1　有形固定資産売却益 ………………………………………144

◆2　有形固定資産売却損 …………………………………146
※練習問題5※ …………………………………………151

第7章　その他の債権・債務 …………………………159

第1節　貸付金・借入金 …………………………………159
　◆1　貸　付　金 …………………………………………159
　◆2　借　入　金 …………………………………………160
第2節　未収金・未払金 …………………………………162
　◆1　未　収　金 …………………………………………162
　◆2　未　払　金 …………………………………………163
第3節　前払金・前受金 …………………………………165
　◆1　前　払　金 …………………………………………165
　◆2　前　受　金 …………………………………………166
第4節　立替金・預り金 …………………………………168
　◆1　立　替　金 …………………………………………168
　◆2　預　り　金 …………………………………………169
第5節　仮払金・仮受金 …………………………………171
　◆1　仮　払　金 …………………………………………171
　◆2　仮　受　金 …………………………………………172
第6節　商　品　券 ………………………………………174
※練習問題6※ …………………………………………176

第8章　純資産（資本） …………………………………183

第1節　純資産（資本）の意味 …………………………183
第2節　個人企業の純資産（資本）勘定 ………………185
　◆1　期中における資本の増加取引 ……………………185

◆2　期中における資本の減少取引 ……………………………………186
　　◆3　引出金勘定 ……………………………………………………………187
　　◆4　引出金による税金の納付 …………………………………………187
　❖練習問題7❖……………………………………………………………………189

第9章　損益の整理 ……………………………………………………191

　第1節　損益の整理 …………………………………………………………191
　第2節　収益・費用の繰延べ─前払費用・前受収益の処理─ ………193
　　◆1　前払費用の繰延計算 ………………………………………………193
　　◆2　前受収益の繰延計算 ………………………………………………196
　第3節　収益・費用の見越し─未払費用・未収収益の処理─ ………199
　　◆1　未払費用の見越し計算 ……………………………………………199
　　◆2　未収収益の見越し計算 ……………………………………………202
　❖練習問題8❖……………………………………………………………………207

第10章　決　　算 ………………………………………………………211

　第1節　決算手続き …………………………………………………………211
　　◆1　決算の意味 …………………………………………………………211
　　◆2　決算手続きの手順 …………………………………………………211
　　◆3　決算整理と棚卸表の作成 …………………………………………213
　　◆4　精算表の作成 ………………………………………………………220
　　◆5　帳簿の締切り ………………………………………………………223
　第2節　財務諸表の作成 ……………………………………………………235
　　◆1　損益計算書および貸借対照表の作成 ……………………………235
　　◆2　試算表と財務諸表との関係 ………………………………………237
　❖練習問題9❖……………………………………………………………………240

目　次

巻末問題 ……………………………………………………253

索　引 ………………………………………………………281

第1章

簿記の基礎知識

第1節　企業の簿記

◆1　簿記の意味

　個人商店や会社などの企業は，日々，商品の仕入れや売上げ，支払代金の支払いや売上代金の受け取り，給料・広告料・交通費などの支払い，銀行から営業資金を借り入れて物品を購入したり，その借入金を返済したりするなどの経営活動を行っている。このような企業の経営活動の全般を，**帳簿に記録・計算・整理**する方法を**簿記**という。

◆2　簿記の目的

　簿記は企業の経営活動を記録することによって，次のような目的を果たしている。
　(1)　**一定時点**における企業の財貨，債権・債務などの状況，すなわち企業の**財政状態**を明らかにすること
　(2)　**一定期間**における損益の状況，すなわち企業の**経営成績**を明らかにすること

　このような目的を持つ簿記によって記録・計算・整理された会計数値は，それを**報告**することによって企業の財政状態と経営成績が明らかになるため，まず経営者は経営活動の結果を正しく把握して，企業の利益の分配を考え，将来の経営方針や経営計画を設定することができる。また，企業の取引先，出資者，

債権者，従業員，国や地方公共団体などの利害関係者は，その企業に対するそれぞれが行おうとする意思決定に必要な会計情報を入手することができる。

◆3　簿記の種類

(1)　複式簿記と単式簿記

　複式簿記は，企業のすべての経営活動を一定の方法に従って，組織的に記録・計算・整理する簿記で，現在，実務上広く一般に用いられている。

　単式簿記は，現金出納帳などを元にして，現金の収入・支出を中心に，一部の重要な項目についてだけ簡単な方法で記録・計算・整理する簿記である。

(2)　営利簿記と非営利簿記

　営利簿記は，営利を目的とする企業で用いられる簿記で，これには商業簿記・工業簿記・銀行簿記などがある。

　非営利簿記は，営利を目的としない官庁や家庭などで用いられる簿記で，これには官庁簿記・家計簿記などがある。

　これから，本書では「複式簿記による営利簿記」について学ぶ。

第2節　簿記の基礎概念

◆1　資産・負債・純資産（資本）

　企業が経営活動を行うために持っている現金・商品・備品・建物などの財貨や売掛金・貸付金などの債権を，簿記では**資産**という。これに対して，企業がその支払義務を負っている買掛金・借入金などの債務を，簿記では**負債**という。

　また，企業の持っている資産の総額から負債の総額を差し引いた正味の資産は，**純資産**，または**資本**という。

　資産・負債・純資産（資本）の3つの関係を等式で示すと次のようになる。

　資産－負債＝純資産（資本）……**資本等式**という。

例題1－1

　登別商店の平成〇年1月1日における資産および負債から純資産（資本）の額を計算しなさい。

資　　産		負　　債	
現　　　金	¥ 50,000	買　掛　金	¥ 80,000
売　掛　金	90,000	借　入　金	60,000
商　　　品	120,000		140,000
備　　　品	40,000		
	300,000		

解　答

　　（資産）　　　（負債）　　（純資産（資本））
　　¥300,000　－　¥140,000　＝　¥160,000

◆2　貸借対照表

　企業の一定時点における資産・負債および純資産（資本）の状態，すなわち

財政状態を明らかにする表を**貸借対照表**という。

資本等式の左辺にある負債を右辺に移項すると，次の等式になる。

資産＝負債＋純資産(資本)……**貸借対照表等式**という。

貸借対照表はこの貸借対照表等式にもとづいて作成された表で，貸借対照表には左側に資産が，右側に負債と純資産（資本）が表示され，左側の資産の合計金額と右側の負債・純資産（資本）の合計金額は常に一致する。

例題1－1 の登別商店の貸借対照表を作成すると，次のとおりである。

貸 借 対 照 表

登別商店　　　　　　平成〇年1月1日

資　産	金　額	負債・純資産	金　額
現　　　　金	50,000	買　掛　金	80,000
売　掛　金	90,000	借　入　金	60,000
商　　　　品	120,000	資　本　金	160,000
備　　　　品	40,000		
	300,000		300,000

◆3 会 計 期 間

企業は継続して経営活動を行っているから，一定期間を区切って経営成績と財政状態を明らかにする必要がある。この一定期間を**会計期間**，または**会計年度**といい，会計期間の初めを**期首**，終わりを**期末**という。期首に作成する貸借対照表を期首貸借対照表，期末に作成する貸借対照表を期末貸借対照表という。通常，単に貸借対照表という場合には期末貸借対照表のことを指す。

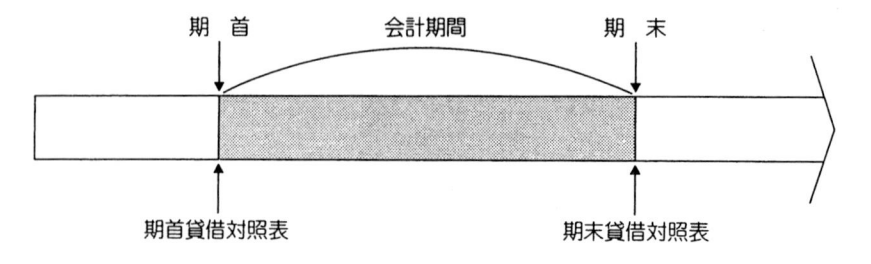

通常，会計期間は1年であることが多い。

◆4　資産・負債・純資産（資本）の増減と純損益の計算

　企業の経営活動によって，資産・負債・純資産（資本）は増減・変化する。一会計期間におけるその増減差額を**純損益**といい，たとえば期末純資産（資本）が期首純資産（資本）より大きくなった場合，その差額のことを**純利益**（または**当期純利益**）といい，反対に，期末純資産（資本）が期首純資産（資本）より小さくなった場合，その差額のことを**純損失**（または**当期純損失**）という。この関係を等式で示すと，次のとおりである。

　　期末純資産（資本）－期首純資産（資本）＝当期純利益（マイナスの場合は当期純損失）

　この等式の左辺にある期首純資産（資本）を右辺に移項すると，次の等式になる。

　　期末純資産（資本）＝期首純資産（資本）＋当期純利益（マイナスの場合は当期純損失）

　また，**期末資産＝期末負債＋期末純資産（資本）**であるから，

　　期末資産＝期末負債＋（期首純資産（資本）＋当期純利益）

　この等式が期末貸借対照表を作成する場合の基本となるものである。期末貸借対照表では，期末純資産（資本）を期首純資産（資本）と当期純利益（または当期純損失）に分けて表示する。

期首貸借対照表と期末貸借対照表の関係

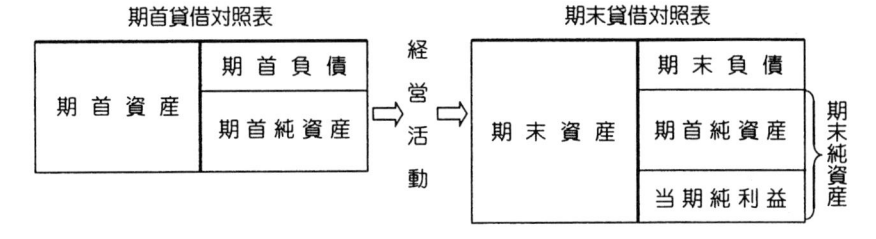

期首貸借対照表		経営活動	期末貸借対照表		
期首資産	期首負債	⇒	期末資産	期末負債	期末純資産
	期首純資産			期首純資産	
				当期純利益	

◆5　収益・費用の発生と純損益

　このように，一会計期間の純損益は，期首と期末の純資産（資本）を比較することによって計算することができる。しかし，この計算方法では純損益の総額がわかるだけで，それがどのような原因で生じたのかまではわからない。そこで簿記では，一定期間の収益と費用を比較して，純損益の発生原因を明らかにし，そのうえでその差額（純損益）を把握して，その後の経営活動の意思決定に役立てる。

　企業の経営活動の結果，純資産（資本）を増加させる原因となることがらを**収益**といい，たとえば収益には，商品売上高・受取手数料・受取家賃などがある。

　一方，企業の経営活動の結果，純資産（資本）を減少させる原因となることがらを**費用**といい，たとえば費用には，売上原価・給料・交通費・通信費・水道光熱費・支払家賃・雑費・支払利息などがある。

　そして**純損益**は，一会計期間に発生した収益の合計金額から費用の合計金額を差し引くことによって計算される。

　　収益ー費用＝当期純損益（プラスの場合は当期純利益，マイナスの場合は
　　当期純損失）

例題1－2

　湯の川商店の平成○年1月1日から同年12月31日までに発生した収益と費用は次のとおりである。よって，この期間の収益総額・費用総額および純損益を計算しなさい。

売　上　原　価	￥250,000	水　道　光　熱　費	￥ 30,000
給　　　　　料	￥120,000	商　品　売　上　高	￥500,000
受　取　手　数　料	￥ 20,000	通　　信　　費	￥ 40,000

解 答

収 益 総 額 ＝ ¥500,000 ＋ ¥20,000 ＝ ¥520,000
費 用 総 額 ＝ ¥250,000 ＋ ¥120,000 ＋ ¥30,000 ＋ ¥40,000 ＝ ¥440,000
当期純損益 ＝ ¥520,000 － ¥440,000 ＝ ¥80,000（当期純利益）

◆6　損益計算書

企業の一会計期間における収益と費用の金額とその発生原因並びにその差額である純損益（すなわち経営成績）を明らかにする表を**損益計算書**という。

　　収益－費用＝当期純損益

この等式を変形すると，次の等式が求められる。

　　費用＋当期純損益＝収益

これを**損益計算書等式**という。

損益計算書は，この損益計算書等式にもとづいて作成され，費用を左側に，収益を右側に表示するため，その差額（純損益）は左右のいずれかに記載され，左右の合計額は常に一致するよう工夫して表示される。その工夫の結果，純利益（費用（左側）＜収益（右側）を意味する）は左側に，純損失（費用（左側）＞収益（右側）を意味する）は右側に表示されることになる。

例題1－2 の湯の川商店の収益・費用の内容から損益計算書を作成すると，次のとおりである。

損 益 計 算 書

湯の川商店　　平成〇年1月1日から平成〇年12月31日まで

費　　　用	金　　額	収　　　益	金　　額
売　上　原　価	250,000	商　品　売　上　高	500,000
給　　　　　料	120,000	受　取　手　数　料	20,000
水　道　光　熱　費	30,000		
通　　信　　費	40,000		
当　期　純　利　益	80,000		
	520,000		520,000

> **例題1－3**
>
> ウトロ商店は平成〇年1月1日に現金￥100,000と商品￥50,000を出資して開業したが，同年12月31日には次のようになった。
>
> | | | | |
> |---|---|---|---|
> | 現　　　　金 | ￥170,000 | 売　掛　金 | ￥150,000 |
> | 商　　　　品 | ￥ 30,000 | 買　掛　金 | ￥ 70,000 |
> | 借　入　金 | ￥ 80,000 | 商品売上高 | ￥430,000 |
> | 給　　　　料 | ￥ 95,000 | 支払利息 | ￥ 7,000 |
> | 売上原価 | ￥250,000 | 支払家賃 | ￥ 36,000 |
> | 広　告　費 | ￥ 42,000 | 受取手数料 | ￥ 50,000 |
>
> 上記の資料により，損益計算書および貸借対照表を作成しなさい。

解　答

損　益　計　算　書

ウトロ商店　　平成〇年1月1日から平成〇年12月31日まで

費　　用	金　額	収　益	金　額
売　上　原　価	250,000	商　品　売　上　高	430,000
給　　　　料	95,000	受　取　手　数　料	50,000
広　告　費	42,000		
支　払　家　賃	36,000		
支　払　利　息	7,000		
当　期　純　利　益	50,000		
	480,000		480,000

貸借対照表

ウトロ商店　　　　平成〇年12月31日

資　　産	金　　額	負債・純資産	金　　額
現　　　　金	170,000	買　　掛　　金	70,000
売　　掛　　金	150,000	借　　入　　金	80,000
商　　　　品	30,000	資　　本　　金	150,000
		当 期 純 利 益	50,000
	350,000		350,000

※　資本金＝現金￥100,000＋商品￥50,000＝￥150,000

第3節　取引と勘定

◆1　取　　　引

　簿記上の**取引**とは，資産・負債または純資産（資本）を増減させる出来事をいう。たとえば，備品や建物の現金による購入は資産（備品等）の増加と資産（現金）の減少を同時にもたらし，銀行からの現金の借り入れは資産（現金）の増加と負債（借入金）の増加をもたらすから，**簿記上の取引となる。**

　収益・費用の発生をもたらす出来事も，簿記上の取引である。たとえば，給料や利息の現金による支払いは費用（給料等）の発生と資産（現金）の減少をもたらし，手数料や家賃の現金による受け取りは資産（現金）の増加と収益（受取手数料等）の発生をもたらすから，簿記上の取引となる。

　簿記上の取引は，一般に用いられる取引とほとんど同じであるが，必ずしも一致しない。たとえば，現金を紛失したり，建物を焼失した場合，一般には取引とはいわないが，費用（たとえば建物焼失損）が発生し資産（建物）が減少したのであるから簿記上の取引となる。また，土地や建物を賃貸借する契約をした場合，世間一般には取引というが，単に賃貸借の契約を交わしただけでは資産・負債・純資産（資本）に増減が生じないから簿記上の取引とはならない。

◆2　勘定と勘定科目

　取引が発生すると，資産・負債・純資産（資本）が増減し，収益・費用が発生する。簿記では，その内容を明らかにするために，それぞれの項目ごとに細かく区分して記録・計算する必要がある。この区分された項目を**勘定**といい，勘定に付けられた名称を**勘定科目**という。そのような勘定群を貸借対照表に属するものと損益計算書に属するものとに分類すると，その主なものは次のとおりである。

第1章 簿記の基礎知識

※ **貸借対照表**に属する勘定科目
　　資産の勘定‥‥‥現金・売掛金・商品・貸付金・備品・建物など
　　負債の勘定‥‥‥買掛金・借入金など
　　純資産（資本）の勘定‥‥‥資本金など

※ **損益計算書**に属する勘定科目
　　収益の勘定‥‥‥商品売上高・受取手数料・受取利息など
　　費用の勘定‥‥‥給料・広告料・通信費・支払家賃・雑費など

◆ 3　勘 定 口 座

　勘定科目ごとに，それぞれの増減額を記録・計算するために設けられた帳簿上の場所を**勘定口座**という。勘定口座の形式には標準式と残高式とがある。標準式は，記入欄が中央から左側と右側の2つに分けられている。
　簿記では，左側を**借方**（かりかた），右側を**貸方**（かしかた）と呼んでいる。
　残高式は，借方欄と貸方欄の他に残高欄が設けられており，通常，実務ではこちらが用いられることが多い。
　なお，簿記の学習目的のためには，標準式を簡略にしたT字形の勘定口座を使うことが多い。たとえば勘定口座が現金の場合，次のように書きあらわされる。

T字型の勘定

（借方）	現　　金	（貸方）
増　　加		減　　少

◆ 4　勘定の記入方法

　取引によって生じた資産・負債・純資産（資本）の増減額や収益・費用の発生額を勘定に記入する方法は次のとおりである。
(1)　資産の勘定は，増加を借方に，減少を貸方に記入する。

(2) 負債と純資産（資本）の勘定は，増加を貸方に，減少を借方に記入する。
(3) 収益の勘定は，発生を貸方に記入する。
(4) 費用の勘定は，発生を借方に記入する。

　この勘定の記入法と貸借対照表・損益計算書との関係を図示すると，次のようになる。

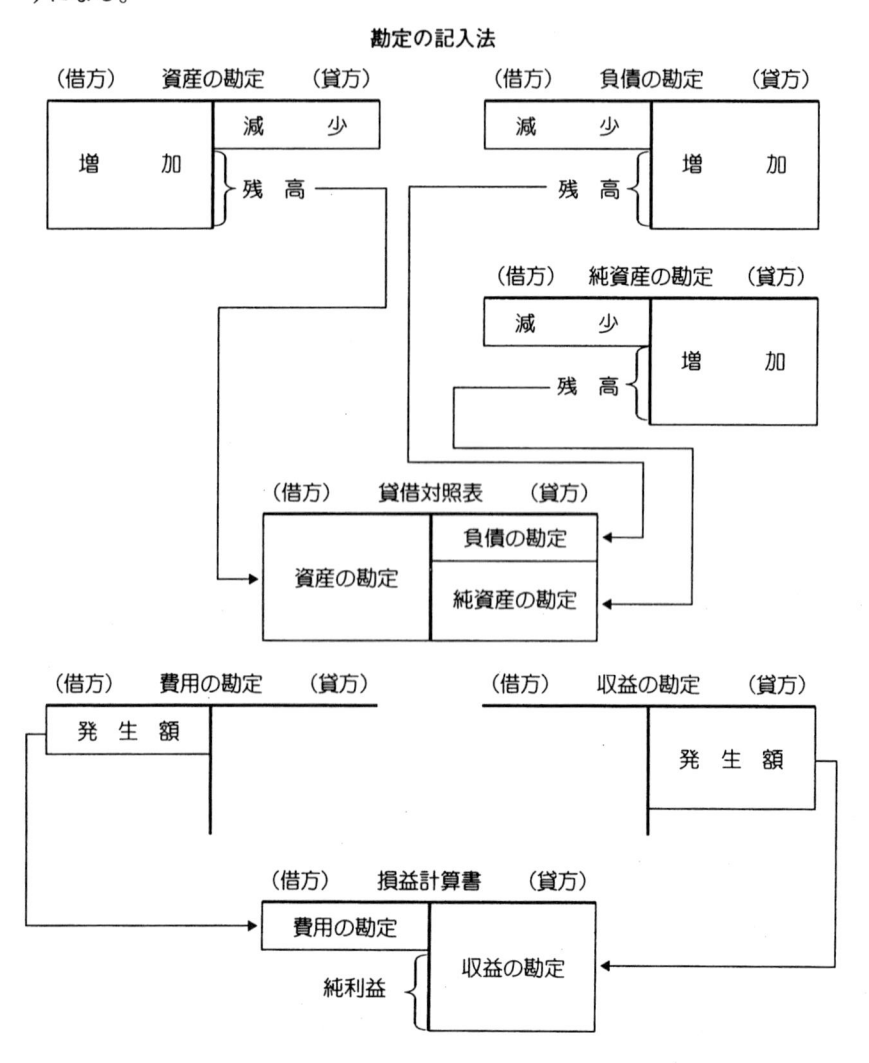

勘定の記入法

（借方）	資産の勘定	（貸方）
増　加	減　少	
	残　高	

（借方）	負債の勘定	（貸方）
減　少		増　加
残　高		

（借方）	純資産の勘定	（貸方）
減　少		増　加
残　高		

（借方）	貸借対照表	（貸方）
資産の勘定	負債の勘定	
	純資産の勘定	

（借方）	費用の勘定	（貸方）
発　生　額		

（借方）	収益の勘定	（貸方）
	発　生　額	

（借方）	損益計算書	（貸方）
費用の勘定	収益の勘定	
純利益		

◆5 取引要素の結合関係

取引を構成する要素を**取引要素**という。取引要素は，借方の要素と貸方の要素に分けられ，借方の要素と貸方の要素とが結び付いて1つの取引となる。このように，1つの取引を借方および貸方の2つの要素に分解して表現・整理するため，この様式の簿記が「**複式**」と呼ばれる所以となっている。

借方の要素と貸方の要素の結び付きを**取引要素の結合関係**という。

取引要素の結合関係を示すと，次のとおりである。

取引要素の結合関係

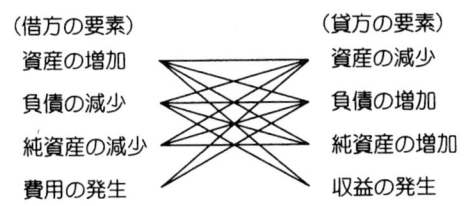

（借方の要素） 　　　　　　　（貸方の要素）
資産の増加 　　　　　　　　　資産の減少
負債の減少 　　　　　　　　　負債の増加
純資産の減少 　　　　　　　　純資産の増加
費用の発生 　　　　　　　　　収益の発生

たとえば，「備品¥30,000を仕入れ，代金は現金で支払った。」という取引は，次のような結合関係から成り立っている。

　　資産（備品）の増加　¥30,000　／　資産（現金）の減少　¥30,000

また，「銀行から現金¥50,000を借り入れた。」という取引は，次のような結合関係から成り立っている。

　　資産（現金）の増加　¥50,000　／　負債（借入金）の増加　¥50,000

同様に，「給料¥100,000を現金で支払った。」という取引は，次のようになる。

　　費用（給料）の発生　¥100,000　／　資産（現金）の減少　¥100,000

例題1－4

洞爺商店における次の取引について，取引要素の結合関係を示しなさい。
(1) 商品¥43,000を仕入れて，代金は現金で支払った。
(2) 小樽銀行から現金¥500,000を借り入れた。

(3) 給料￥184,000を支払った。
(4) 事務用机・椅子￥70,000を購入したが、いまだ代金は支払っていない。
(5) 現金￥1,000,000を元入れして開業した。
(6) 商品売買の仲介をして、手数料￥32,000を現金で受け取った。
(7) 借入金￥100,000とその利息￥6,500を現金で支払った。
(8) 商品￥268,000を売上げて、その代金は掛とした。
(9) 貸付金￥90,000を回収するとともに、あわせてその利息￥5,300を現金で受け取った。
(10) 売掛金のうち￥54,000を現金で受け取った。

解　答

　　　　　　　　（借方要素）　　　　　　　（貸方要素）
(1)　費用（仕入）の発生　──────　資産（現金）の減少
(2)　資産（現金）の増加　──────　負債（借入金）の増加
(3)　費用（給料）の発生　──────　資産（現金）の減少
(4)　資産（備品）の増加　──────　負債（未払金）の増加
(5)　資産（現金）の増加　──────　純資産（資本）（資本金）の増加
(6)　資産（現金）の増加　──────　収益（受取手数料）の発生
(7)　負債（借入金）の減少　┐　　　資産（現金）の減少
　　 費用（支払利息）の発生　┘
(8)　資産（売掛金）の増加　─────　収益（売上）の発生
(9)　資産（現金）の増加　┬─────　資産（貸付金）の減少
　　　　　　　　　　　　└─────　収益（受取利息）の発生
(10) 資産（現金）の増加　──────　資産（売掛金）の減少

（田中　久夫）

第2章

簿記一巡の手続き

第1節　仕訳と転記

◆1　仕　訳

　簿記では，取引が発生すると，取引の秩序性と網羅性を保つために，その取引を直接勘定に記入する前に，あらかじめ取引を借方と貸方に区分けし，どの勘定科目の，借方・貸方のどちら側に，いくらの金額で記入するのかを決める。この一連の手続きを**仕訳**という。仕訳は，取引をどの勘定の借方とどの勘定の貸方とに記入するのかを定めることであるから，勘定の記入法および取引要素の結合関係に従って行われる。

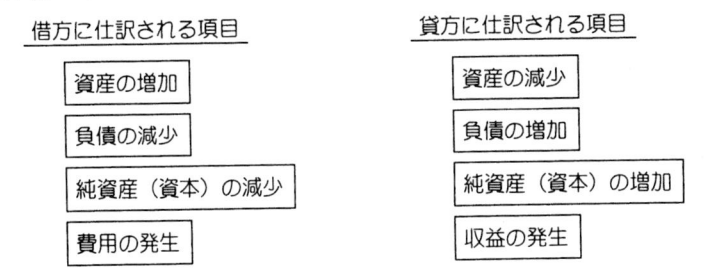

借方に仕訳される項目	貸方に仕訳される項目
資産の増加	資産の減少
負債の減少	負債の増加
純資産（資本）の減少	純資産（資本）の増加
費用の発生	収益の発生

　たとえば「備品￥10,000を現金で買い入れた。」という取引を取引要素の結合関係であらわすと以下のようになる。

　　　資産(備品)の増加￥10,000－資産(現金)の減少￥10,000

　この取引の結合関係を仕訳であらわすと以下のようになる。

　　　(借) 備　　　品　　10,000　　(貸) 現　　　金　　10,000

また「銀行から現金￥500,000を借り入れた。」という取引を取引要素の結合関係であらわすと以下のようになる。

　　資産（現金）の増加￥500,000－負債（借入金）の増加￥500,000
この取引の結合関係を仕訳であらわすと以下のようになる。

　　（借）現　　　　金　500,000　　（貸）借　入　金　500,000
　このように行った仕訳は，取引を発生順に記録し，勘定口座へ正しく記入するために必要となる手続きである。

◆2　転　　記

　取引による財産の変動内容は，仕訳を行い，その仕訳にもとづいて各勘定口座に記入することとなるが，これを**転記**という。仕訳は取引によって変動した財産の動きを転記するための仲介記入であるから，仕訳ができていればその記入のとおりに以下のように転記すればよい。
(1)　仕訳の借方の勘定科目の金額を，その勘定口座の借方に記入する。
(2)　仕訳の貸方の勘定科目の金額を，その勘定口座の貸方に記入する。
　なお，T字型の勘定口座への転記の際には，日付・金額を記載（相手科目を記載する場合もある。また相手科目が2つ以上ある場合は**諸口**と記載）する。
　仕訳と転記の関係をあらわすと以下のようになる。

4月1日

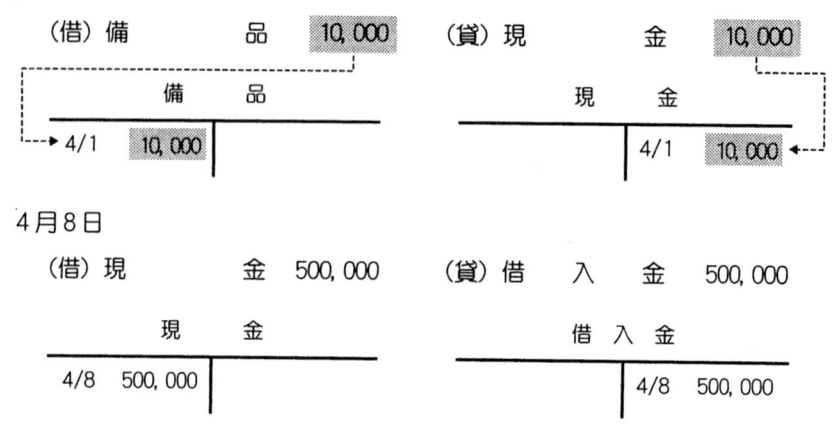

（借）備　　　品　10,000　　（貸）現　　　　金　10,000

備　品			現　金	
4/1　10,000			4/1　10,000	

4月8日

（借）現　　　　金　500,000　　（貸）借　入　金　500,000

現　金			借　入　金	
4/8　500,000			4/8　500,000	

第2章 簿記一巡の手続き

このように簿記においては，取引→仕訳→転記の順序によって手続きが進められる。転記の作業においても仕訳ができていれば問題ないため，簿記において仕訳の能力は重要視される。

例題2−1

次の取引の仕訳をして，勘定口座に転記せよ。
(1) 1／1 現金￥100,000を出資して開業した。
(2) 10 現金￥50,000を借り入れた。
(3) 15 備品￥20,000を買い入れ，現金で支払った。
(4) 20 商品￥30,000を仕入れ代金は掛とした。
(5) 25 商品を￥50,000で売り，現金にて受け取った。
(6) 30 1月10日に借り入れた￥50,000を現金で支払った。

解答

(1) （借）現　　　金　100,000　（貸）資　本　金　100,000
(2) （借）現　　　金　 50,000　（貸）借　入　金　 50,000
(3) （借）備　　　品　 20,000　（貸）現　　　金　 20,000
(4) （借）仕　　　入　 30,000　（貸）買　掛　金　 30,000
(5) （借）現　　　金　 50,000　（貸）売　　　上　 50,000
(6) （借）借　入　金　 50,000　（貸）現　　　金　 50,000

```
           現       金                          資  本  金
1/ 1   100,000 │ 1/15    20,000                        │ 1/ 1   100,000
  10    50,000 │   30    50,000
  25    50,000 │

           備       品                          借  入  金
1/15    20,000 │                   1/30    50,000 │ 1/10    50,000
```

17

買　掛　金			仕　　入		
	1/20	30,000	1/20	30,000	

	売　　上	
	1/25	50,000

第2節　仕訳帳と総勘定元帳

◆1　仕　訳　帳

　前述のとおり簿記においては，取引→仕訳→転記の順序で手続きが進められる。仕訳は，仕訳帳に記入する。仕訳帳には，発生したすべての取引を，発生順に記入する。そのため仕訳帳は経営活動を歴史的に記録する帳簿として重要な役割を果たしている。

◆2　仕訳帳の記入法

　仕訳帳への記入は次のように行う。
① **日付欄**　取引が発生した月日を記入する。
② **摘要欄**　左側に借方の勘定科目，右側に貸方の勘定科目を記入する。勘定科目には（　）を付ける。借方または貸方の勘定科目が2つ以上あるときは，勘定科目の上に**諸口**と記入する。なお，仕訳を記入した次の行には取引の内容を簡単に記入するが，これを**小書き**という。
③ **元丁欄**　仕訳を総勘定元帳の勘定口座に転記したとき，その勘定のページ数または口座番号を記入する。
④ **借方欄・貸方欄**　借方欄には借方の勘定科目の金額を記入し，貸方欄には貸方の勘定科目の金額を記入する。

　なお，1つの取引の仕訳は，2ページにわたって分割して記入してはならない。

仕　訳　帳　　　　　　　　1

平成○年		摘　　　要	元丁	借　方	貸　方
1	1	（現　　　金）		100,000	
		（資　本　金）			100,000
		出資して開業			

◆3　総勘定元帳

　取引の記録に必要なすべての勘定口座を備えた帳簿を，**総勘定元帳**または**元帳**という。総勘定元帳は，貸借対照表，損益計算書を作成する際の資料となる帳簿で，通常，資産・負債・資本・収益・費用の順に勘定口座が設けられる。

◆4　総勘定元帳への記入

　総勘定元帳への記入は，次のように行う。
① **日付欄**　仕訳帳に記入されている年月日を記入する。
② **摘要欄**　仕訳の相手勘定科目を記入する。相手の勘定科目が2つ以上ある場合には，諸口と記入する。
③ **元丁欄**　転記した仕訳が記入されている仕訳帳のページ数を記入する。
④ **借方欄・貸方欄**　借方欄には仕訳帳の借方金額を記入し，貸方欄には仕訳帳の貸方金額を記入する。

仕　訳　帳　　　　1

平成〇年		摘　　　　要	元丁	借　方	貸　方
1	1	（現　　金）	1	100,000	
		（資　本　金）	8		100,000
		出資して開業			

総　勘　定　元　帳
現　　金　　　　1

平成〇年		摘　要	元丁	借　方	平成〇年		摘　要	元丁	貸　方
1	1	資 本 金	8	100,000					

総 勘 定 元 帳

資 本 金　　　　　　　　　　　8

平成○年	摘 要	元丁	借 方	平成○年		摘 要	元丁	貸 方
				1	1	現　金	1	100,000

例題 2 − 2

次の取引を仕訳帳に仕訳し，総勘定元帳に転記せよ。

〈資　料〉

各勘定科目の前期繰越高

　　現　　金 ¥350,000　　売掛金 ¥640,000　　買掛金 ¥723,000

2／10　商品¥70,000を掛で仕入れた。

　　20　商品¥350,000を売上げ，代金のうち¥100,000は現金で受け取り，残額を掛とした。

　　25　本月分の給料¥80,000を現金で支払った。

解　答

（借）仕　　　　入　　70,000　　（貸）買　　掛　　金　　70,000

（借）売　　掛　　金　250,000　　（貸）売　　　　上　　350,000

　　　現　　　　金　100,000

（借）給　　　　料　　80,000　　（貸）現　　　　金　　80,000

仕　訳　帳　　　　　　　　　　　2

平成〇年		摘　　　　要	元丁	借方	貸方
2	10	（仕　　　　入）	11	70,000	
		（買　掛　金）	6		70,000
		商品仕入れ			
	20	諸　　　口　（売　　　　上）	10		350,000
		（売　掛　金）	2	250,000	
		（現　　　　金）	1	100,000	
		商品売上げ			
	25	（給　　　　料）	13	80,000	
		（現　　　　金）	1		80,000
		本月分給料支払い			

総　勘　定　元　帳

現　金　　　　　　　　　　　1

平成〇年		摘　要	仕丁	借方	平成〇年		摘　要	仕丁	貸方
2	1	前期繰越		350,000	2	25	給　料	2	80,000
	20	売　上	2	100,000					

売　掛　金　　　　　　　　　　2

平成〇年		摘　要	仕丁	借方	平成〇年		摘　要	仕丁	貸方
2	1	前期繰越		640,000					
	20	売　上	2	250,000					

売　上　　　　　　　　　　　10

平成〇年		摘　要	仕丁	借方	平成〇年		摘　要	仕丁	貸方
					2	10	諸　口	2	350,000

第2章 簿記一巡の手続き

買　掛　金　　　　　　　　　　　　　　6

平成○年		摘　要	仕丁	借　方	平成○年		摘　要	仕丁	貸　方
					2	1	前 期 繰 越		723,000
						10	仕　　　入	2	70,000

仕　　入　　　　　　　　　　　　　　11

平成○年		摘　要	仕丁	借　方	平成○年		摘　要	仕丁	貸　方
2	10	買 掛 金	2	70,000					

給　　料　　　　　　　　　　　　　　13

平成○年		摘　要	仕丁	借　方	平成○年		摘　要	仕丁	貸　方
2	25	現　　　金	2	80,000					

第3節　試　算　表

◆1　試算表の意味

　総勘定元帳には，仕訳帳に貸借同額で記入された金額が，すべて転記されている。したがって，すべての勘定の借方の合計金額と貸方の合計金額とは，必ず一致することとなる。これを**貸借平均の原理**という。

　日々の取引は，仕訳帳に仕訳され，総勘定元帳の各勘定口座へと転記が行われている。その仕訳帳から総勘定元帳への転記が正確に行われているのかを確かめるために，その都度，仕訳帳と総勘定元帳とを照合することは非常に手間がかかる。そのため，この記録が正しく行われていたかどうかについて，貸借平均の原理に基づいて確認するために作成される表を**試算表**（Trial Balance：T/B）という。

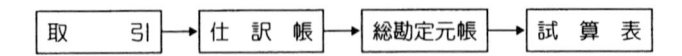

取　引　→　仕　訳　帳　→　総勘定元帳　→　試　算　表

　試算表を作成すれば，転記等のミスがないかどうか確認ができ，また財務諸表を作成するにあたって準備としての役割も担うこととなる。

◆2　試算表の種類

　試算表には，**合計試算表・残高試算表・合計残高試算表**の3種類がある。

(1)　合計試算表

　合計試算表は，総勘定元帳の各勘定別に計算した借方合計金額と貸方合計金額を集計して作成する。合計試算表の借方金額の合計と貸方金額の合計とは一致し，また，その合計金額は仕訳帳の合計金額とも一致する。合計試算表には，会計期間中の取引の総額が示されているので，経営活動の状況を判断するための資料とすることができる。

(2) 残高試算表

残高試算表は，総勘定元帳の各勘定の残高を集計して作成する。残高試算表においても借方金額の合計と貸方金額の合計とは一致する。残高試算表は，単に総勘定元帳の正否を確かめるだけでなく，資産・負債および純資産（資本）の現在高や収益・費用の発生高を示しているので，企業の財政状態や経営成績の概要を知るために役立つ。そのため決算の資料としても役立つこととなる。

(3) 合計残高試算表

合計残高試算表は，合計試算表と残高試算表のそれぞれの機能を同時に満たすため両者を1つにまとめた表であり，総勘定元帳の各勘定の合計と残高を集計して作成する。

例題 2 － 3

次の勘定記入により，合計残高試算表を作成せよ。

現　　金　　1		売　掛　金　　2	
700,000	200,000	200,000	100,000
100,000	40,000	100,000	
	200,000		

備　　品　　3		買　掛　金　　4	
200,000		200,000	200,000
			100,000

資　本　金　　5		売　　上　　6	
	700,000		200,000
			100,000

仕　　入　　7		給　　料　　8	
200,000		40,000	
100,000			

解　答

合 計 残 高 試 算 表

| 借　方 || 元丁 | 勘 定 科 目 | 貸　方 ||
残　高	合　計			合　計	残　高
360,000	800,000	1	現　　　　金	440,000	
200,000	300,000	2	売　掛　金	100,000	
200,000	200,000	3	備　　　　品		
	200,000	4	買　掛　金	300,000	100,000
		5	資　本　金	700,000	700,000
		6	売　　　　上	300,000	300,000
300,000	300,000	7	仕　　　　入		
40,000	40,000	8	給　　　　料		
1,100,000	1,840,000			1,840,000	1,100,000

【参　考】

　試算表の借方・貸方の合計額が一致しなかった場合は，どこかに誤りがあるので，試算表を作成した際の順序と逆に調査し，不一致の原因を探る。

　① 試算表の借方と貸方の合計額の計算に誤りはないか？
　② 元帳から試算表への金額の記入の際の書き誤りはないか？
　③ 元帳の各勘定口座の借方と貸方の合計や残高の計算違いはないか？
　④ 仕訳帳から元帳への転記違いはないか？
　⑤ 仕訳の間違いはないか？

第4節 精算表

◆1 精算表の意味

　一会計期間の期中取引の記帳が終わったら，試算表によってこれまでの記帳の正確性を検証し，その資料をもとに決算手続きを経て，損益計算書および貸借対照表を作成する。この一連の手続きを一覧表にまとめたものを**精算表**（Working Sheet：W/S）という。この精算表を作成するにあたって重要となるのは前述の試算表の理解度である。残高試算表において資産と費用は借方に，負債と資本と収益は貸方に残高が算出されている。この残高試算表の内容を等式で示すと次のようになる。

　　期末資産＋費用＝期末負債＋期首純資産(資本)＋収益……①
　①式の期末負債と期首資本を左辺に，費用を右辺に移項すると，

　　期末資産－期末負債－期首純資産(資本)＝収益－費用……②
となる。
　②式の両辺は純利益（もしくは純損失）を示すこととなる。
　また，残高試算表の金額は，損益計算書および貸借対照表を作成する際の基礎となる金額となる。この関係を図で示すと以下のようになる。

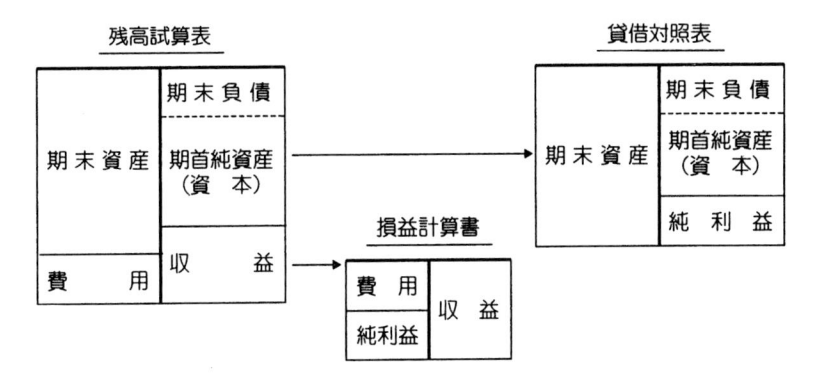

◆2　精算表の作成

精算表を作成する手順は次のとおりである。
① 残高試算表の金額を，そのまま残高試算表欄に記入する。
② 残高試算表欄のうち，収益の諸勘定および費用の諸勘定の金額を損益計算書欄にそのまま記入する。
③ 残高試算表欄のうち，資産の諸勘定，負債の諸勘定および資本の諸勘定の金額を貸借対照表欄にそのまま記入する。
④ 損益計算書欄および貸借対照表欄の借方・貸方の金額をそれぞれ合計し，その差額を当期純利益（もしくは当期純損失）として，合計金額の少ない側に記入する。
⑤ 損益計算書欄および貸借対照表欄の借方・貸方の金額をそれぞれ合計する。精算表の損益計算書欄と貸借対照表欄の両者に示された当期純利益の金額は必ず一致することとなる。この金額は，損益計算書欄では借方に，貸借対照表欄では貸方に示される。なお，当期純損失の場合には，損益計算書欄では貸方に，貸借対照表欄では借方に示される。

決算手続きは，予備手続き，本手続きを経て，貸借対照表・損益計算書を作成して終了するが，ここに至るまでには時間がかかる。しかし上記のような手続きによって作成された精算表は，決算手続きにさきだって，試算表・貸借対照表・損益計算書を１つの表にまとめたものなので，財政状態・経営成績をより早く明らかにすることができる。また精算表を作成すれば誤りを生じることなく，決算手続きを速やかに行うことができる。

なお，精算表には，６桁精算表・８桁精算表・10桁精算表の３種類の精算表がある。ここでは６桁精算表を例題として出題するが，８桁精算表には６桁精算表に決算修正を行うための修正記入欄が加えられ，さらに10桁精算表には８桁精算表に決算修正後の試算表欄を加えたものとなっている。

第2章　簿記一巡の手続き

例題2－4

次の精算表を完成せよ。

精　算　表

勘定科目	残高試算表		損益計算書		貸借対照表	
	借方	貸方	借方	貸方	借方	貸方
現　　　金	38,000				(①)	
売　掛　金	5,000				(②)	
借　入　金		10,000				(③)
資　本　金		30,000				(④)
売　　　上		8,000		(⑤)		
給　　　料	5,000		(⑥)			
当期純利益			(⑦)			(⑧)
	48,000	48,000	(⑨)	(⑩)	(⑪)	(⑫)

解　答

① 38,000　② 5,000　③ 10,000　④ 30,000　⑤ 8,000
⑥ 5,000　⑦ 3,000　⑧ 3,000　⑨ 8,000　⑩ 8,000
⑪ 43,000　⑫ 43,000

> 期末資産－期末負債－期首純資産（資本）＝収益－費用
> 43,000－10,000－30,000＝8,000－5,000

　上記の式の右辺も左辺も金額は一致し、これが当期純利益となる。また当期純損失の場合にも同様に計算できる。精算表はこのようにして記録・計算の正確性を確かめることができる。

第5節　決　　算

◆1　決算の意味

　簿記においては，日々の取引を正確に仕訳帳に記入し，仕訳帳から総勘定元帳へと転記することによって，資産・負債・純資産（資本）および収益・費用の各勘定の増減を記録・計算する。しかしこの状態だけでは企業の一会計期間における経営成績や財政状態を明確にすることができない。そのため一定の期間を区切って総勘定元帳の勘定記録を整理し，帳簿を締め切って，損益計算書と貸借対照表を作成しなければならない。この一連の手続きを**決算**といい，決算を行う日を**決算日**という。

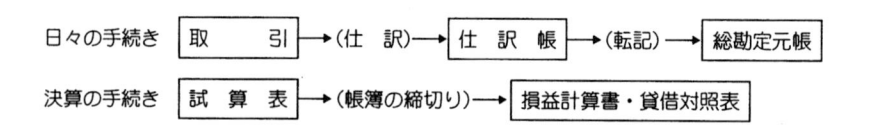

日々の手続き　取　　引 →（仕　訳）→ 仕　訳　帳 →（転記）→ 総勘定元帳
決算の手続き　試　算　表 →（帳簿の締切り）→ 損益計算書・貸借対照表

　決算の手続きは，決算日当日に行うのではなく，決算日までの各資料を整理して，その後の確定申告期間に間に合うようにする。なお通常の個人商店の場合に関しては，1月1日から12月31日までを一会計期間とし，12月31日を決算日とする。確定申告期間は2月16日から3月15日までとなっている。

◆2　決算の手続き

　決算は，次のような手続きに従って行われる。
(1)　決算予備手続き
　　①　試算表の作成
　　②　棚卸表の作成と決算整理
　　③　精算表の作成
(2)　決算本手続き
　　①　総勘定元帳の締切り

ⅰ　収益・費用の各勘定残高の損益勘定への振替
　　ⅱ　当期純損益の資本勘定への振替
　　ⅲ　各勘定の締切り
　②　繰越試算表の作成
　③　仕訳帳の締切り
(3)　決算の報告
　　損益計算書と貸借対照表の作成

◆3　総勘定元帳の締切り

　決算においては，経営成績を正確に示すために，総勘定元帳の締切りに際して，まず収益・費用の各勘定の締切りを行う。一会計期間の当期純損益を計算するために，総勘定元帳に**損益勘定**を新たに設け，貸方には収益勘定の残高を，借方には費用勘定の残高をそれぞれ移す。なお，簿記においてはある勘定口座から他の勘定口座へ金額を移すことを**振替**といい，この際に用いられる仕訳を**振替仕訳**という。

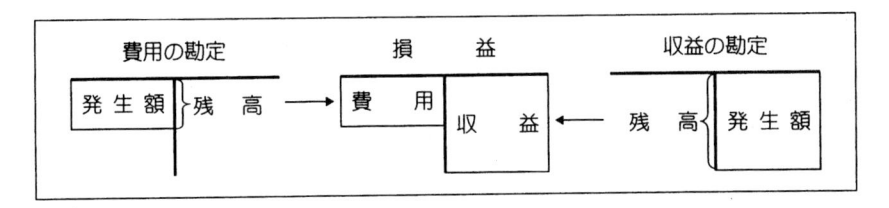

費用の勘定	損　　益	収益の勘定
発生額〉残高 →	費用 ← 収益	残高〈発生額

　総勘定元帳への記入は，仕訳にもとづいて行われるため，振替記入の際にも仕訳を行い，これを転記する方法がとられている。

(1)　収益・費用の各勘定残高の振替

　収益の各勘定残高を損益勘定へ振り替えるためには，収益の各勘定の貸方残高について振替仕訳を行い，その仕訳に従ってそれぞれの収益勘定の借方に記入するとともに，損益勘定の貸方に記入する。
　また，費用の各勘定残高を損益勘定へ振り替えるためには，費用の各勘定の

借方残高について，振替仕訳を行い，それぞれの費用勘定の貸方に記入するとともに，損益勘定の借方に記入する。

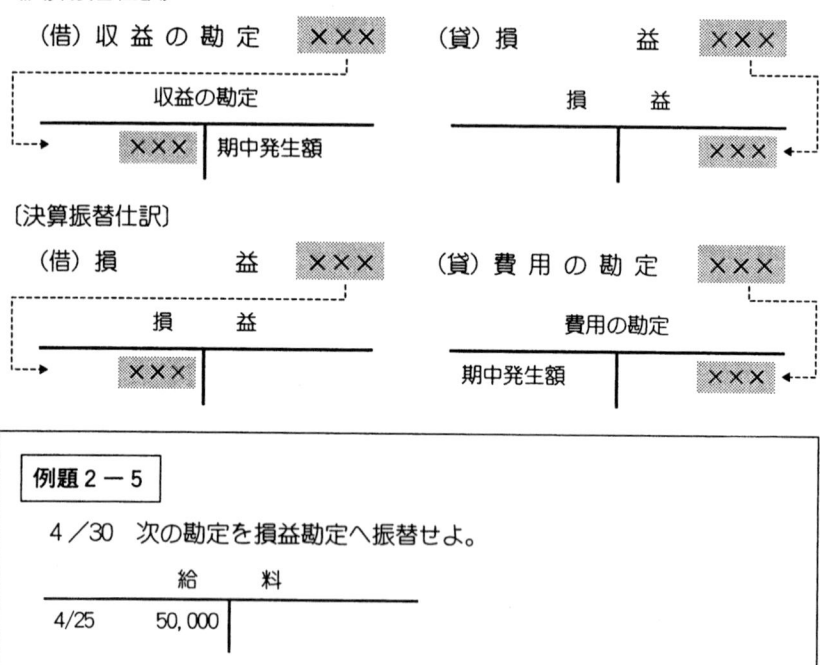

〔決算振替仕訳〕

(借) 収 益 の 勘 定　×××　　(貸) 損　　　　益　×××

```
      収益の勘定                      損        益
   ×××  │ 期中発生額                         │  ×××
```

〔決算振替仕訳〕

(借) 損　　　　益　×××　　(貸) 費 用 の 勘 定　×××

```
      損       益                      費用の勘定
   ×××  │                       期中発生額  │  ×××
```

例題 2 – 5

4／30　次の勘定を損益勘定へ振替せよ。

```
           給      料
  4/25   50,000  │
```

解　答

〔決算振替仕訳〕

(借) 損　　　　益　50,000　　(貸) 給　　　　料　50,000

〔勘定の締切り〕

```
         給        料                        損       益
  4/25  50,000 │ 4/30  50,000         4/30  50,000 │
```

各勘定は残高をゼロにし，金額の下に二重線を引いて締め切る。

(2) 損益勘定の振替

損益勘定の貸方には収益の各勘定の残高が記入され，借方には費用の各勘定の残高が記入されている。したがって損益勘定においては次の計算を行うことができる。

収益－費用＝当期純利益

この計算によって算定された当期純利益の額だけ純資産（資本）の増加を意味するので，この純利益の額を資本勘定の貸方に振り替える。また，純損失の場合は，純資産（資本）の減少を意味するので資本勘定の借方に振り替える。

〔決算振替仕訳〕

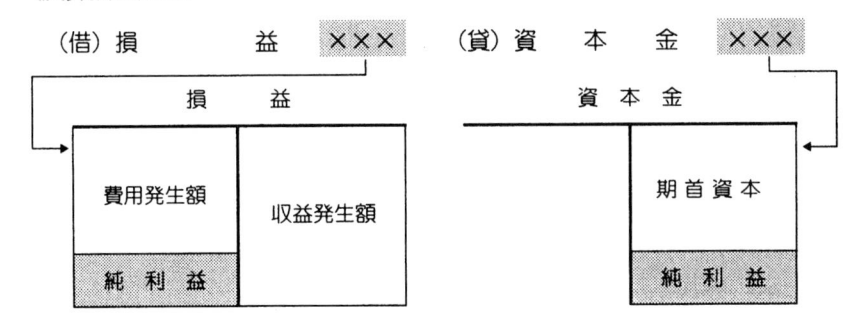

（借）損　　　　益　×××　　（貸）資　本　金　×××

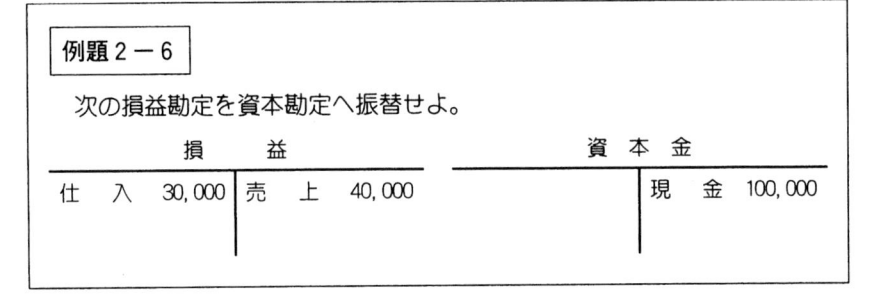

損　益		資　本　金	
費用発生額	収益発生額		期首資本
純　利　益			純　利　益

例題 2－6

次の損益勘定を資本勘定へ振替せよ。

損　　　益		資　本　金	
仕　入　30,000	売　上　40,000		現　金　100,000

解　答

損　　　益		資　本　金	
仕　入　30,000	売　上　40,000		現　金　100,000
資本金　10,000			損　益　10,000

(3) 収益・費用の各勘定と損益勘定の締切り

振替仕訳の記入によって，収益・費用の各勘定と損益勘定はそれぞれ貸借の合計金額が一致するので，同じ行に借方・貸方とともに合計金額を記入して締め切る。

(4) 資産・負債・純資産（資本）の各勘定の締切り

資産の各勘定は，借方残高になっているため，決算日の日付で貸方に**次期繰越**と朱記し，残高を記入する。これによって借方と貸方の合計金額が一致するので勘定口座を締め切る。これを**繰越記入**という。さらに次期繰越高は，次期の最初の日付で借方に**前期繰越**と記入する。これを**開始記入**という。

負債・純資産（資本）の各勘定は，貸方残高になっているため，決算日の日付で借方に**次期繰越**と朱記し，残高を記入する。これによって借方と貸方の合計金額が一致するので，勘定口座を締め切る。さらに次期繰越高は次期の最初の日付で貸方に前期繰越と開始記入する。

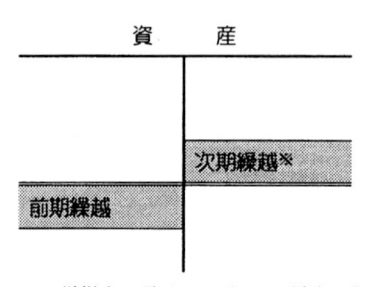

```
              資      産
         |
         |        次期繰越※
         |
  前期繰越|
         |
```

※　貸借を一致させるために貸方に記入する。

```
           純資産（資本）
         |
  次期繰越|
         |  前期繰越
         |
         |
```

◆4　繰越試算表の作成

　総勘定元帳を締め切ったあとで，資産・負債・純資産（資本）の各勘定の繰越記入が正確に行われていたかどうかを確認するために，それぞれの次期繰越高を集めて決算日の日付で試算表を作成する。これを**繰越試算表**という。

繰　越　試　算　表
平成〇年4月30日

借　　方	元丁	勘　定　科　目	貸　　方
38,000	1	現　　　　　金	
5,000	2	備　　　　　品	
	3	借　　入　　金	10,000
	4	資　　本　　金	33,000
43,000			43,000

　繰越高の計算と記入が正確に行われていれば，借方・貸方それぞれの合計額は上記のように必ず一致する。また繰越試算表の資本金は期末資本の額である。なお，元丁欄は元帳へ転記したときの，その勘定口座の口座番号（またはページ数）を記入する。

◆5　仕訳帳の締切り

　仕訳帳は，日常の取引の記入が終了したときに締め切り，決算仕訳の記入が終了したときに，再度締め切る。なお，次期の最初の日付で，仕訳帳の第1行目に繰越試算表の借方・貸方に記入されている金額を前期繰越高として開始記入する。この開始記入をすることによって，次期に作成する仕訳帳の貸借合計と合計試算表の貸借合計金額が一致する。

◆6　損益計算書と貸借対照表の作成

　総勘定元帳と仕訳帳を締め切り，繰越試算表の作成をして決算手続きを終えたあとに最終的に損益計算書と貸借対照表を作成する。これによって企業の経営成績と財政状態が明らかとなる。損益計算書は，損益勘定にもとづいて作成

され，貸借対照表は主に繰越試算表にもとづいて作成される。また精算表も損益計算書・貸借対照表を作成するにあたっての基礎資料としての役割がある。

第2章 簿記一巡の手続き

❖ 練習問題1 ❖

1 次の取引を仕訳し，総勘定元帳に転記せよ。
1／1　現金￥100,000を出資して開業した。
　　3　商品￥24,000を仕入れ，代金は掛とした。
　　6　商品￥12,000を売上げ，代金は掛とした。
　　8　備品￥20,000を買い入れ，現金で支払った。
　 10　商品￥15,000を仕入れ，現金で支払った。
　 12　買掛金￥24,000を現金で支払った。
　 15　売掛金￥12,000を現金で受け取った。
　 20　商品￥12,000を売上げ，現金で￥6,000受け取り，残額は掛とした。
　 25　給料￥8,000を現金で支払った。
　 30　今月の通信費￥3,000を現金で支払った。

仕　訳　帳（略式）　　　　　　1

日付	借方科目	金　額	貸方科目	金　額

総勘定元帳

現金　　　　　　1

平成○年	摘要	仕丁	借方	平成○年	摘要	仕丁	貸方

売掛金　　　　　　2

備品　　　　　　3

買掛金　　　　　　4

資本金　　　　　　5

売上　　　　　　6

仕入　　　　　　7

給料　　　　　　8

第2章　簿記一巡の手続き

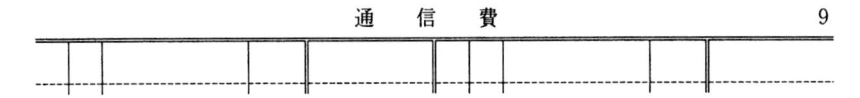

通　信　費　　　　　　　　9

2　問題 1 の勘定記入により合計残高試算表を作成せよ。

合 計 残 高 試 算 表

借　方		元丁	勘 定 科 目	貸　方	
残　高	合　計			合　計	残　高

3 問題2の残高試算表をもとに，6桁精算表を作成せよ。

精　算　表

勘定科目	試算表		損益計算書		貸借対照表	
	借方	貸方	借方	貸方	借方	貸方

解答

1

仕　訳　帳（略式）

1

日付	借方科目	金額	貸方科目	金額
1／1	現　　　金	100,000	資　本　金	100,000
3	仕　　　入	24,000	買　掛　金	24,000
6	売　掛　金	12,000	売　　　上	12,000
8	備　　　品	20,000	現　　　金	20,000
10	仕　　　入	15,000	現　　　金	15,000
12	買　掛　金	24,000	現　　　金	24,000
15	現　　　金	12,000	売　掛　金	12,000
20	現　　　金 売　掛　金	6,000 6,000	売　　　上	12,000
25	給　　　料	8,000	現　　　金	8,000
30	通　信　費	3,000	現　　　金	3,000

第2章 簿記一巡の手続き

総 勘 定 元 帳

現　金　　　　　　　1

平成○年		摘　要	仕丁	借　方	平成○年		摘　要	仕丁	貸　方
1	1	資　本　金	1	100,000	1	8	備　　　品	1	20,000
	15	売　掛　金	1	12,000		10	仕　　　入	1	15,000
	20	売　　　上	1	6,000		12	買　掛　金	1	24,000
						25	給　　　料	1	8,000
						30	通　信　費	1	3,000

売　掛　金　　　　　　2

1	6	売　　　上	1	12,000	1	15	現　　　金	1	12,000
	20	売　　　上	1	6,000					

備　品　　　　　　　3

1	8	現　　　金	1	20,000					

買　掛　金　　　　　　4

1	12	現　　　金	1	24,000	1	3	仕　　　入	1	24,000

資　本　金　　　　　　5

					1	1	現　　　金	1	100,000

売　上　　　　　　　6

					1	6	売　掛　金	1	12,000
						20	諸　　　口	1	12,000

仕　入　　　　　　　7

1	3	買　掛　金	1	24,000					
	10	現　　　金	1	15,000					

給　料　　　　　　　8

1	25	現　　　金	1	8,000					

		通 信 費						9
1	30	現　　　金	1	3,000				

2️⃣

合 計 残 高 試 算 表

借　　方		元丁	勘 定 科 目	貸　　方	
残　高	合　計			合　計	残　高
48,000	118,000	1	現　　　　金	70,000	
6,000	18,000	1	売　　掛　　金	12,000	
20,000	20,000	1	備　　　　品		
	24,000	1	買　　掛　　金	24,000	
		1	資　　本　　金	100,000	100,000
		1	売　　　　上	24,000	24,000
39,000	39,000	1	仕　　　　入		
8,000	8,000	1	給　　　　料		
3,000	3,000	1	通　　信　　費		
124,000	230,000			230,000	124,000

第2章 簿記一巡の手続き

3

精　算　表

勘定科目	試算表 借方	試算表 貸方	損益計算書 借方	損益計算書 貸方	貸借対照表 借方	貸借対照表 貸方
現　　　　金	48,000				48,000	
売　掛　金	6,000				6,000	
備　　　　品	20,000				20,000	
資　本　金		100,000				100,000
売　　　　上		24,000		24,000		
仕　　　　入	39,000		39,000			
給　　　　料	8,000		8,000			
通　信　費	3,000		3,000			
当期純損失				26,000	26,000	
	124,000	124,000	50,000	50,000	100,000	100,000

（太田　裕隆）

第 3 章

現金取引・伝票処理

第1節　現金・預金取引

◆1　現金勘定

(1) 現金と現金勘定

　現金勘定は，**通貨**が代表的なものであるが，その他，**振出小切手・送金小切手・郵便為替証書・株式配当金領収証・支払期日到来後の公社債の利札**など即，通貨に替えられる通貨代用証券が含まれる。

　現金が入った場合（収入）は，現金勘定（資産）の借方に，現金が出た場合（支出）は，現金勘定の貸方に記入する。

(2) 現金出納帳

　現金の収入・支出は，**仕訳帳**および**総勘定元帳**（これらを主要簿という）の現金勘定への記帳の他に，現金収支だけを明細に記録するため，**現金出納帳**という補助簿に記入する。

例題 3 − 1

　蔵王商店は次の取引をした。仕訳をして，現金出納帳に記入してこれを締め切りなさい。なお，前月繰越が￥150,000ある。

9／2　小原商店から商品￥30,000を仕入れ，代金は現金で支払った。

4 青根商店から売掛代金として他人振出の小切手￥70,000を受け取った。
8 バインダーとシャープペンを買い入れ，代金￥2,000を現金で支払った。
15 駒の湯商店へ商品￥100,000を売上げ，代金のうち同店振り出しの小切手￥50,000を受け取り，残金は掛とした。
20 大平商店から商品￥50,000を仕入れ，代金のうち￥20,000は小切手を振り出し，残額は掛とした。
25 五色商店から売掛代金として，以前に当店が振り出した小切手￥50,000を受け取った。

解答

9／2
(借) 仕　　　　入　30,000　(貸) 現　　　　金　30,000

4
(借) 現　　　　金　70,000　(貸) 売　掛　金　70,000

8
(借) 消　耗　品　費　2,000　(貸) 現　　　　金　2,000

15
(借) 現　　　　金　50,000　(貸) 売　　　　上　100,000
　　 売　掛　金　50,000

20
(借) 仕　　　　入　50,000　(貸) 当　座　預　金　20,000
　　　　　　　　　　　　　　　　 買　掛　金　30,000

25
(借) 当　座　預　金　50,000　(貸) 売　掛　金　50,000

現 金 出 納 帳

平成○年		摘　　要	収　入	支　出	残　高
9	1	前 月 繰 越	150,000		150,000
	2	小原商店から仕入		30,000	120,000
	4	青根商店から売掛金回収	70,000		190,000
	8	バインダーとシャープペン購入		2,000	188,000
	15	駒の湯商店へ売上げ小切手受領	50,000		238,000
	30	次 月 繰 越		238,000	
			270,000	270,000	
10	1	前 月 繰 越	238,000		238,000

【解　説】

　通貨以外でも，即換金できる通貨代用証券は現金勘定で処理し，現金出納帳にその収支を記入する。しかし，自己振出しの小切手は，当座預金の減少として仕訳し，それを回収した場合には，当座預金の増加として仕訳するが，現金出納帳には記入しないことに注意すること。したがって，9月20日と9月25日の仕訳は，現金出納帳には記入しない。

◆2　現金過不足

　現金の実際有高が現金残高（帳簿残高）と一致せず，不足額や過剰額が生じた場合，原因が判明しないまま放置することはせず，それを処理するために一時的に設定する勘定のことを**現金過不足**という。この現金過不足は一時的であるので，決算日までに原因が判明しない場合には，現金不足額は**雑損**（費用）勘定へ，現金過剰額は**雑益**（収益）勘定へ振り替える。

(1) 現金不足の場合

　例）　実際現金有高¥5,000＜帳簿上の現金残高¥5,400

　この場合実際の現金有高を優先し，帳簿上の現金残高を減少させなければならないので，現金過不足勘定の借方に記入する。

（借）現 金 過 不 足　　　400　　（貸）現　　　金　　　400
　後日不足していた¥400は通信費であることが判明した場合は，次の仕訳をして，現金過不足勘定を振り替える。
　　（借）通　信　費　　　400　　（貸）現 金 過 不 足　　　400
　上記の通信費などの原因が，決算日までに判明しない場合には，次の仕訳をする。
　　（借）雑　　　損　　　400　　（貸）現 金 過 不 足　　　400

(2)　現金過剰の場合
　例）　実際現金有高¥5,500＞帳簿上の現金残高¥5,000
　この場合も実際の現金有高を優先し，帳簿上の現金残高を増加させて，過剰額を現金不足勘定の貸方に記入する。
　　（借）現　　　金　　　500　　（貸）現 金 過 不 足　　　500
　後日過剰であった¥500は受取利息であることが判明した場合には，次の仕訳をして，現金過不足勘定を振り替える。
　　（借）現 金 過 不 足　　　500　　（貸）受 取 利 息　　　500
　上記の受取利息などの原因が，決算日までに判明しない場合には，次の仕訳をする。
　　（借）現 金 過 不 足　　　500　　（貸）雑　　　益　　　500

例題3－2

(1)　赤倉商店は，現金の実際有高を調べたところ，帳簿有高よりも¥10,000不足していた。

(2)　その後，この過不足額のうち¥6,000は通信費の計上もれであることが判明した。

(3)　決算日までに，上記残額¥4,000については，原因が判明しなかった。

(4)　秋保商店は，現金の実際有高が帳簿有高よりも多く，¥6,000の計上

もれであったことが判明した。
(5) その後，この過剰額の原因は受取手数料￥3,000の計上もれであったことが判明した。
(6) 決算日までに上記残額の￥3,000の原因が判明しなかった。

解 答

(1)	(借)現金過不足	10,000	(貸)現　　　　金	10,000
(2)	(借)通　信　費	6,000	(貸)現金過不足	6,000
(3)	(借)雑　　　損	4,000	(貸)現金過不足	4,000
(4)	(借)現　　　金	6,000	(貸)現金過不足	6,000
(5)	(借)現金過不足	3,000	(貸)受取手数料	3,000
(6)	(借)現金過不足	3,000	(貸)雑　　　益	3,000

【解 説】

現金の帳簿有高を実際有高に合わせるように仕訳をする。

なお，不足の原因と過剰の原因が混在している場合，たとえば現金過不足が￥7,000存在し，その原因が消耗品費￥8,000と受取手数料￥15,000と判明した場合は次の仕訳で処理する。

　　(借)現金過不足　　7,000　　(貸)受取手数料　　15,000
　　　　消　耗　品　費　　8,000

現 金 出 納 帳

平成〇年		摘　　　要	収　　入	支　　出	残　　高
×	×	前　月　繰　越 現　金　不　足 現　金　過　剰	(100,000) 6,000	 10,000 	(100,000) 赤倉商店の場合 秋保商店の場合

赤倉商店　精算表

勘定科目	試算表 借方	試算表 貸方	修正記入 借方	修正記入 貸方	損益計算書 借方	損益計算書 貸方	貸借対照表 借方	貸借対照表 貸方
現　　金		10,000						10,000
現金過不足	10,000	6,000		4,000				
通　信　費	6,000				6,000			
雑　　損			4,000		4,000			

秋保商店　精算表

勘定科目	試算表 借方	試算表 貸方	修正記入 借方	修正記入 貸方	損益計算書 借方	損益計算書 貸方	貸借対照表 借方	貸借対照表 貸方
現　　金	6,000						6,000	
現金過不足		3,000	3,000					
受取手数料		3,000				3,000		
雑　　益				3,000		3,000		

◆3　小口現金

　日常の小口の費用の支払いのため，会計係があらかじめ一定の必要金額を予定して用度係に前渡ししておく現金や小切手を**小口現金**という。

　小口現金については，会計係はその都度，適宜の金額を用度係に対し随時に前渡する方式（**随時前渡制**）と，一定期間内の支払いを予想して一定額を前渡しする方式（**定額資金前渡制：インプレストシステム**）とがあり，後者の場合，その収支を補助記入帳としての小口現金出納帳に記入して，一定期間経過後，この出納帳の残高と実際に用度係が支払った金額とを報告させ，支払った金額を補充することにより常に用度係の小口現金を一定額とする制度である。

　会計係は，用途係から一定期間分の支払高の報告を受けたときは，小口現金勘定を貸方に記入する。

　　（借）各費用の勘定　　×××　　（貸）小　口　現　金　　×××

会計係は，後日小切手等で同額補給するときは，小口現金勘定を借方に記入する。

（借）小　口　現　金　×××　　（貸）当　座　預　金　×××

例題 3 － 3

次の取引を仕訳しなさい。

赤湯商店は9月1日，定額資金前渡制により，用度係に小切手￥60,000を振り出して前渡しした。9月30日に，用度係から支払いの報告が次のとおりあったので，同額の小切手を振り出して補充した。

通信費￥8,700（郵便切手￥8,000と電報料￥700）　消耗品費￥4,200（文房具）　交通費（JR回数券￥9,100）　雑費￥2,500（お茶・コーヒー）

解　答

9／1

（借）小　口　現　金　60,000　　（貸）当　座　預　金　60,000

30

（借）通　信　費　　8,700　　（貸）小　口　現　金　24,500
　　　消　耗　品　費　4,200
　　　交　通　費　　9,100
　　　雑　　　費　　2,500

30

（借）小　口　現　金　24,500　　（貸）当　座　預　金　24,500

【解　説】

小口現金出納帳

収　入	平成〇年		摘　要	支　出	内　訳			
					通信費	消耗品費	交通費	雑　費
60,000	9	1	小　切　手					
			郵便切手	8,000	8,000			
			電報料	700	700			
			文房具	4,200		4,200		
			ＪＲ回数券	9,100			9,100	
			お茶等	2,500				2,500
			合　　計	24,500	8,700	4,200	9,100	2,500
24,500		30	小　切　手					
		〃	次月繰越	60,000				
84,500				84,500				
60,000	10	1	前月繰越					

　9月30日の仕訳では，小口現金勘定を用いずに，次のような仕訳をする方法もあり，小口現金勘定は当初の補充した¥60,000のみ仕訳をして，それ以降は定額を変更しない限り，仕訳記入しない。

9／30

　（借）通　信　費　　8,700　　（貸）当　座　預　金　　24,500
　　　　消　耗　品　費　　4,200
　　　　交　通　費　　9,100
　　　　雑　　　費　　2,500

例題 3 − 4

　小口現金係から次のように支払いの報告を受けて，小切手を振り出し，資金の補充をした（定額資金前渡法）。

　　光熱費　¥21,000　　消耗品費　¥35,000　　交通費　¥33,000

以上の仕訳をしなさい。

【解答】
(借) 光 熱 費　21,000　　(貸) 小 口 現 金　89,000
　　 消 耗 品 費　35,000
　　 交 通 費　33,000
(借) 小 口 現 金　89,000　　(貸) 当 座 預 金　89,000

小口現金を相殺して次のように仕訳をする方法もある。
(借) 光 熱 費　21,000　　(貸) 当 座 預 金　89,000
　　 消 耗 品 費　35,000
　　 交 通 費　33,000

【解説】
用度係に小口現金を渡す場合，(借) 小口現金として処理するので，支払いの報告を受けたときは (貸) 小口現金とすると同時に借方に支払った費用を記入する。

◆4　当座借越

通常，当座預金残高を超えて，小切手を振り出せば，金融機関は支払いを拒絶してしまうので，これを振り出すことはできない。しかし，金融機関と当座借越の契約を結んでいる場合には，当座預金口座に預け入れた以上の限度額まで小切手を振り出すことができる。

これを**当座借越**という。当座借越の発生は，金融機関から借入れをしているのと同様なので，債務（負債）であり，当座借越勘定の貸方に記入する。たとえば，当座借越契約額￥500,000と当座預金残高￥500,000であれば，小切手￥1,000,000まで振り出すことができる。

なお，当座取引処理には，**当座預金勘定**と**当座借越勘定**の2つの勘定を用いて処理する2勘定制と，**当座勘定**のみを用いて処理する1勘定制とがある。

2勘定制の仕訳処理は，次のとおりである。
① 当座借越（借越限度額¥500,000）が生じたときには，その当座借越額を貸方に記入する。

(借) 仕　　　　入　　850,000　　(貸) 当 座 預 金　500,000
　　　　　　　　　　　　　　　　　　当 座 借 越　350,000

② 当座預金に現金を入金（¥100,000）すると，優先的に当座借越の返済に充てられる。

(借) 当 座 借 越　100,000　　(貸) 現　　　　金　100,000

③ さらに現金を当座借越額よりも超えて入金（¥300,000）すると，その超過額は，当座預金勘定の借方に記入される。

(借) 当 座 借 越　250,000　　(貸) 現　　　　金　300,000
　　　当 座 預 金　 50,000

1勘定制の仕訳処理は次のとおりである。
① 商品¥600,000を仕入れて，小切手を支払った。

(借) 仕　　　　入　　600,000　　(貸) 当　　　　座　600,000

② 当座預金口座に現金¥600,000を入金した。

(借) 当　　　　座　　600,000　　(貸) 現　　　　金　600,000

この場合，当座勘定の借方に残高がある場合には，預入れ額より引出し額のほうが少ないので，当座預金の残高（資産）があり，貸方に残高がある場合には，預入れ額より引出し額のほうが多いので，当座借越の残高（負債）が発生する。この1勘定制は，2勘定制のように，引出しや預入れの都度，当座預金勘定と当座借越の残高を調べて仕訳せずに，2つの勘定をまとめて当座勘定だけを使って記帳する方法である。なお，当座勘定も試算表に表示するときは，当座預金勘定に表示する。貸方に残高を表示されれば，当座借越になる。

例題3－5

鬼首商店は，銀行と借越限度額¥900,000の当座借越契約を締結してお

り，5月1日現在￥300,000の当座預金残高がある。

　この取引を①当座預金勘定と当座借越勘定を用いた2勘定制，②当座勘定を用いた1勘定制によって仕訳をして，当座預金出納帳を作成しなさい。

5／3　姥湯商店から商品￥73,000を仕入れ，代金は小切手を振り出して支払った。

　10　湯野浜商店に対する売掛金￥85,000を同店振出しの小切手で受け取り，当座預金に預け入れた。

　12　蔵王商店に買掛金￥420,000を小切手を振り出して支払った。

　18　五色商店への売掛金￥150,000を回収し，当座預金に預け入れた。

　26　大平商店へ商品￥225,000を売上げ，代金のうち￥125,000を現金で受け取り当座預金に預け入れ，残額は掛とした。

解　答

① 当座預金勘定と当座借越勘定を用いる方法

5／3
（借）仕　　　　入　　73,000　（貸）当　座　預　金　73,000

10
（借）当　座　預　金　85,000　（貸）売　　掛　　金　85,000

12
（借）買　　掛　　金　420,000　（貸）当　座　預　金　312,000
　　　　　　　　　　　　　　　　　　当　座　借　越　108,000

18
（借）当　座　預　金　42,000　（貸）売　　掛　　金　150,000
　　　当　座　借　越　108,000

26
（借）当　座　預　金　125,000　（貸）売　　　　上　225,000
　　　売　　掛　　金　100,000

② 当座勘定を用いる方法

5／3
（借）仕　　　　入　　73,000　（貸）当　　　　座　　73,000

10
（借）当　　　　座　　85,000　（貸）売　掛　金　　85,000

12
（借）買　掛　金　420,000　（貸）当　　　　座　420,000

18
（借）当　　　　座　150,000　（貸）売　掛　金　150,000

26
（借）当　　　　座　125,000　（貸）売　　　　上　225,000
　　　売　掛　金　100,000

当座預金出納帳　　　　　　　　　　　　　　　　　　　　1

平成○年		摘　　　要	預　入	引　出	借または貸	残　高
5	1	前月繰越	300,000		借	300,000
	3	姥湯商店より仕入		73,000	貸	227,000
	10	湯野浜商店から売掛金回収	85,000		借	312,000
	12	蔵王商店に買掛金支払		420,000	貸	108,000
	18	五色商店から売掛金回収	150,000		借	42,000
	26	大平商店への売上代金受取	125,000		〃	167,000
	31	次月繰越		167,000		
			660,000	660,000		
6	1	前月繰越	167,000		借	167,000

【解　説】

① 当店振出した小切手は，自己振出小切手の回収となり（5月18日），当座預金の増加として仕訳をする。

② 当座借越の発生（5月12日）は貸と記入し，¥108,000の借越となり，当座預金の増加（5月18日）で，借と記入し，¥42,000の当座預金の残高が記入される。例題では，5月末には¥167,000の当座預金残高があり借

第3章　現金取引・伝票処理

越ではない。なお，たとえ借越が発生しても，借越限度額￥900,000を超えることはできない。

第2節　伝 票 処 理

　伝票会計は，仕訳帳や補助簿の代用として用いられている。会計のコンピュータ化により，伝票に取引を原始記入（起票）し，この伝票の仕訳を総勘定元帳に転記するのが，最近では，この伝票さえも，コンピュータの画面上に表示し，ペーパーレス会計が主流となっている。その場合，領収書や利用明細書等の証拠書類からダイレクトに仕訳入力する方法がとられている。

　伝票によって仕訳を行う場合には，１種類の伝票を用いる１伝票制や**入金伝票**（現金の伝票なので借方現金は記入しない），**出金伝票**（貸方現金は記入しない），**振替伝票**（現金が借方・貸方双方発生しない仕訳を記入する）の３つから成り立つ３伝票制に加えて，**売上伝票**と**仕入伝票**を用いる５伝票制がある。

　下記の伝票は次の仕訳をあらわす。

(1)　**入金伝票（赤色で印刷されている）**

　　　（借）現　　　　　金　120,000　　（貸）売　　掛　　金　120,000

　入金伝票は現金の増加であり，仕訳では常に借方に記入されているので，これをわざわざ記入する手間を省くため，入金伝票を使用して，省略したものである。

```
            入　金　伝　票
平成　年　月　日
売　掛　金              120,000
湯浜商店から回収
```

(2)　**出金伝票（青色で印刷されている）**

　　　（借）通　　信　　費　13,000　　（貸）現　　　　　金　13,000

　出金伝票は現金の減少であり，仕訳では常に貸方に記入されているのでこれをわざわざ記入する手間を省くため，出金伝票を使用して，省略したものであ

る。

```
        出 金 伝 票
   平成  年  月  日
      通 信 費       13,000
      電 話 代
```

(3) 振替伝票

　　（借）受取手形　50,000　（貸）売掛金　50,000

入金・出金以外の取引を記入する伝票であり，通常借方伝票と貸方伝票が1枚の伝票に含まれている。

```
        出 金 伝 票
   平成  年  月  日
     （借）受取手形　50,000　（貸）売掛金　50,000
   花山商店より掛代金として受け取り
```

さらに5伝票制は，仕入伝票と売上伝票を利用する方法である。

(4) 仕入伝票

　Ｃ商品20個（1個￥1,000）を仕入れて，代金のうち￥8,000は現金で支払い，残額は掛とした。

　　（借）仕　　入　20,000　（貸）現　　金　　8,000
　　　　　　　　　　　　　　　　　買　掛　金　12,000

	仕 入 伝 票				
草津商店　殿 平成　年　月　日					
品　名	数　量	単　価	金　額	摘　要	
Ｃ　商　品	20	1,000	20,000	掛	
合　　計			20,000		

仕入伝票には 実際の支払条件とは関係なしに，仕入はすべて掛で取引したものとしいったん記入をして，その掛けを直ちに現金支払いしたように出金伝票を使って調整を行う。その際，出金伝票や振替伝票に記入することになる。したがって，仕入伝票の貸方勘定科目は全て買掛金となるので，この伝票には記入しない。

(5) 売上伝票

D商品30個（1個￥1,000）を売上げ，代金のうち￥15,000は現金で受け取り，残額は掛とした。

（借）現　　　　金　15,000　（貸）売　　　　上　30,000
　　　売　掛　金　15,000

売上伝票					
草津商店 殿					
平成　年　月　日					
品　名	数量	単価	金額	摘要	
D 商品	30	1,000	30,000	掛	
合　計			30,000		

売上伝票には実際の支払条件とは関係なく，売上げはすべて掛で取引したものとして，いったん記入をして，その掛を直ちに現金で回収したようにして入金伝票を使って調整を行う。

その際，入金伝票や振替伝票に記入することになる。したがって，売上伝票の貸方勘定科目はすべて売掛金となるので，この伝票には記入しない。

伝票合計では，取引を分解して複数の取引に還元する場合がある。

① 取引を分解して，入金と費用の支払いなどを入金伝票と振替伝票に分けて起票する方法

（借）現　　　　金　950,000　（貸）借　入　金　1,000,000
　　　支払手数料　50,000

第3章 現金取引・伝票処理

```
┌─────────────────────┐ ┌─────────────────────────────────┐
│     入 金 伝 票      │ │          振 替 伝 票            │
├─────────────────────┤ │ (借)            (貸)            │
│ 借 入 金   950,000  │ │ 支払手数料 50,000 借入金 50,000 │
└─────────────────────┘ └─────────────────────────────────┘
```

② 取引を擬制して，一度金額を入金伝票で起票し，支払手数料を出金伝票で差引く方法

(借) 現　　　　金 1,000,000　　(貸) 借　　入　　金 1,000,000
　　 支 払 手 数 料　 50,000　　　　 現　　　　　金　　 50,000

```
┌─────────────────────┐ ┌─────────────────────────┐
│     入 金 伝 票      │ │      出 金 伝 票        │
├─────────────────────┤ ├─────────────────────────┤
│ 借 入 金  1,000,000 │ │ 支払手数料      50,000  │
└─────────────────────┘ └─────────────────────────┘
```

例題 3 − 6

吹上商店の伝票に記入されている取引について，仕訳をしなさい。

(1)
```
┌─────────────────────┐
│     入 金 伝 票      │
├─────────────────────┤
│ 売 掛 金   100,000  │
└─────────────────────┘
```

(2)
```
┌─────────────────────┐
│     出 金 伝 票      │
├─────────────────────┤
│ 通 信 費    20,000  │
└─────────────────────┘
```

(3)
```
┌───────────────────────────────────────────────────┐
│                 振 替 伝 票                       │
├───────────────────────────────────────────────────┤
│ (借) 受 取 手 形 150,000  (貸) 売 掛 金 150,000   │
│      湯ノ倉商店                                   │
└───────────────────────────────────────────────────┘
```

解　答

(1) (借) 現　　　　金　100,000　(貸) 売　掛　金　100,000
(2) (借) 通　信　費　 20,000　(貸) 現　　　　金　 20,000
(3) (借) 受 取 手 形　150,000　(貸) 売　掛　金　150,000

【解 説】
(1) 入金伝票は，現金が常に増加するのであり，借方に記入され，出金伝票はその逆である。
(2) 振替伝票は，記入されているまま仕訳で表記すればよい。

精 算 表

勘定科目	試算表		修正記入		損益計算書		貸借対照表	
	借方	貸方	借方	貸方	借方	貸方	借方	貸方
現　　金	80,000						80,000	
受取手形	150,000						150,000	
売　掛　金		250,000						250,000
通　信　費	20,000				20,000			

例題3－7

(1) 温湯商店は，商品を売上げ，代金￥300,000のうち現金￥100,000を受け取り，残額を掛とした場合，伝票に記入しなさい。

入　金　伝　票
(　　　　　)　￥

出　金　伝　票
(　　　　　)　￥

振　替　伝　票
(借)(　　　　　)　￥　　　(貸)(　　　　　)　￥

(2) 中山平商店は，商品を仕入れ，代金￥150,000のうち￥50,000を現金で支払い，残額を掛とした場合，伝票に記入しなさい。

入　金　伝　票
(　　　　　)　￥

出　金　伝　票
(　　　　　)　￥

第3章　現金取引・伝票処理

```
┌─────────────────────────────────────────┐
│              振　替　伝　票              │
│ (借)(        ) ¥      (貸)(       ) ¥    │
└─────────────────────────────────────────┘
```

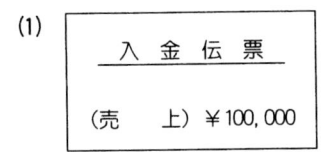

解　答

(1)
```
┌─────────────────┐  ┌───────────────────────────────────┐
│   入　金　伝　票  │  │         振　替　伝　票           │
│                 │  │ (借)              (貸)            │
│ (売　上) ¥100,000│  │(売掛金)¥200,000 (売　上)¥200,000│
└─────────────────┘  └───────────────────────────────────┘
```

(2)
```
┌─────────────────┐  ┌───────────────────────────────────┐
│   出　金　伝　票  │  │         振　替　伝　票           │
│                 │  │ (借)              (貸)            │
│ (仕　入) ¥50,000 │  │(仕　入)¥100,000 (買掛金)¥100,000│
└─────────────────┘  └───────────────────────────────────┘
```

【解　説】

一取引の仕訳をあらわすと，次のようになる。

(1) (借)現　　　金　100,000　(貸)売　　　上　100,000
　　(借)売　掛　金　200,000　(貸)売　　　上　200,000
(2) (借)仕　　　入　 50,000　(貸)現　　　金　 50,000
　　(借)仕　　　入　100,000　(貸)買　掛　金　100,000

精　算　表

勘定科目	試算表		修正記入		損益計算書		貸借対照表	
	借方	貸方	借方	貸方	借方	貸方	借方	貸方
現　　　金	50,000						50,000	
売　掛　金	200,000						200,000	
買　掛　金		100,000						100,000
売　　　上		300,000				300,000		
仕　　　入	150,000				150,000			

❖❖ **練習問題2** ❖❖

[1] 次の取引の仕訳をし，小口現金出納帳に記入しなさい。

(1) 作並商店は定額資金前渡制を採用して4月1日に用度係に小切手￥100,000を振り出した。

(2) 用途係は，次のように小口現金から支払った旨を4月30日に会計係に報告して，会計係は直ちに同額の小切手を振り出した。

   4／5 切　手　代 ￥55,000
    10 電車回数券 ￥43,000
    15 文　房　具 ￥31,000
    25 社内用お茶代 ￥ 2,500

通信費￥55,000，旅費交通費￥43,000，消耗品費￥31,000，雑費￥2,500

小 口 現 金 出 納 帳

受入金額	平成○年		摘　要	支払金額	内　　　　　訳			
					通 信 費	消耗品費	交 通 費	雑　　費
100,000	4	1	小切手受入					
		5	(　　)	(　　)	(　　)			
		10	(　　)	(　　)			(　　)	
		15	(　　)	(　　)		(　　)		
		25	(　　)	(　　)				(　　)
		30	合　　計	(　　)	(　　)	(　　)	(　　)	(　　)
(　　)		〃	小切手受入					
		〃	次月繰越	(　　)				
(　　)				(　　)				
(　　)			前月繰越					

解　答

(1)（借）小　口　現　金　100,000　　（貸）当　座　預　金　100,000

第3章 現金取引・伝票処理

(2) （借）通　信　費　　55,000　　（貸）小　口　現　金　131,500
　　　　　旅 費 交 通 費　43,000
　　　　　消　耗　品　費　31,000
　　　　　雑　　　　　費　　2,500
　　　　　小　口　現　金　131,500　　　　　当　座　預　金　131,500

小 口 現 金 出 納 帳

受入金額	平成○年		摘　要	支払金額	内　訳			
					通信費	消耗品費	交通費	雑費
100,000	4	1	小切手受入					
		5	（切手代）	(55,000)	(55,000)			
		10	（電車回数券）	(43,000)			(43,000)	
		15	（文房具）	(31,000)		(31,000)		
		25	（お茶代）	(2,500)				(2,500)
		30	合　　計	(131,500)	(55,000)	(31,000)	(43,000)	(2,500)
(131,500)		〃	小切手受入					
		〃	次月繰越	(100,000)				
(231,500)				(231,500)				
(100,000)			前月繰越					

【解　説】

　月末に用度係から報告があるが，用度係は小口現金出納帳（補助簿）に記入し，それを会計係に渡して，これを会計係が仕訳をする。

　なお，小口現金を記入しないで仕訳する方法もある。

　　（借）通　信　費　　55,000　　（貸）当　座　預　金　131,500
　　　　　旅 費 交 通 費　43,000
　　　　　消　耗　品　費　31,000
　　　　　雑　　　　　費　　2,500

2　現金過不足

(1)　銀山商店は現金出納帳を記帳しているが，決算期の7月31日に実際有高を調べたところ，¥4,000であり，次の取引の合計と違いが判明した。過不足

の処理を行いなさい。

前月繰越高	¥187,000
東京銀行に現金預入	¥ 60,000
商品仕入	¥ 27,500
東京銀行に郵便為替証書預入	¥ 41,000
東京銀行に他人振出小切手預入	¥ 40,000
収入印紙	¥ 4,000
営業費支払	¥ 8,500

(2) 同店は過不足の原因について決算になって調査したところ，次の支払額の記入もれであることが判明した。

通信費の記入もれ	¥1,000
消耗品の記入もれ	¥ 500

(3) 前例において，現金不足の原因が決算になっても判明しなかった。この処理をすることにした。

(4) 五色商店は原因が不明であった現金過不足額は，保険料の支払額¥19,000の記入漏れによることと，利息の受取額¥8,000が二重記帳されていたことにより生じたことが判明したので，これを以下のように誤って仕訳した。

　(借) 保　険　料　19,000　　(貸) 受　取　利　息　8,000
　　　　　　　　　　　　　　　　　　現 金 過 不 足　11,000

これを訂正するための仕訳をしなさい。　　　　（日商3級第99回改題）

解　答

(1) (借) 現 金 過 不 足　2,000　(貸) 現　　　　金　2,000
(2) (借) 通　信　費　1,000　(貸) 現 金 過 不 足　1,500
　　　　消 耗 品 費　　500
(3) (借) 雑　　　損　　500　(貸) 現 金 過 不 足　　500
(4) (借) 受 取 利 息　16,000　(貸) 現 金 過 不 足　16,000

第3章 現金取引・伝票処理

【解　説】

(1) 現金過不足が生じた場合の処理方法は次のとおりである。

飯山商店　　　　　　現　金　出　納　帳

平成○年		摘　　　　要	収　入	支　出	残　高
7	1	前　月　繰　越	187,000		187,000
	2	東京銀行に現金預入		60,000	127,000
	9	商　品　仕　入		27,500	99,500
	16	東京銀行に郵便為替証書預入		41,000	58,500
	26	東京銀行に京都銀行小切手預入		40,000	18,500
	27	収 入 印 紙 購 入		4,000	14,500
	28	営 業 費 支 払		8,500	6,000
	31	現　金　不　足		2,000	4,000
	31	次　月　繰　越		4,000	
			187,000	187,000	
8	1	前　月　繰　越	4,000		4,000

(2) 決算期の精算表に記入する場合は，次のとおりである。

銀山商店　　　　　　精　算　表

勘定科目	試算表		修正記入		損益計算書		貸借対照表	
	借方	貸方	借方	貸方	借方	貸方	借方	貸方
現　　　　金				2,000				2,000
通　信　費			1,000		1,000			
消 耗 品 費			500		500			
雑　　　　損			500		500			

(3) 五色商店は，本来次の正しい仕訳をすべきであった。

　　　（借）保　険　料　19,000　（貸）現 金 過 不 足　27,000
　　　　　　受　取　利　息　8,000

　　本問の誤りの仕訳は

　　　（借）保　険　料　19,000　（貸）受　取　利　息　8,000
　　　　　　　　　　　　　　　　　　現 金 過 不 足　11,000

受取利息は本来¥8,000のところ¥24,000になり，現金過不足は¥27,000のところ¥11,000となってしまっている。

正しい仕訳に修正すると，

¥24,000 – ¥8,000 = ¥16,000　　¥27,000 – ¥11,000 = ¥16,000

であるから，

　　（借）受 取 利 息　16,000　（貸）現 金 過 不 足　16,000

と修正すれば良い。

五色商店　　　　　　**精　算　表**

勘定科目	試算表		修正記入		損益計算書		貸借対照表	
	借方	貸方	借方	貸方	借方	貸方	借方	貸方
現 金 過 不 足				16,000				16,000
受 取 利 息			16,000		16,000			

3　当座借越

(1)

8／1　蔵王商店は池袋銀行と当座借越限度額¥500,000とした契約を結び，¥400,000を預け入れた。

　　8　机とイスを¥200,000で買い入れ，代金は小切手を振り出して支払った。

　　10　白布商店から商品¥400,000を仕入れ，代金は小切手を振り出して支払った。

　　20　通信費¥15,000を小切手を振り出して支払った。

　　22　当社の売掛金¥250,000を他人振出しの小切手で受け取り，当座預金に預け入れた。

当座預金勘定と当座借越勘定を使用して，仕訳と当座預金および当社借越勘定口座へ転記しなさい。

(2)　(1)を当座勘定を使用して，仕訳と当座勘定口座へ転記しなさい。

第3章 現金取引・伝票処理

解 答

(1)

8/1	(借)	当 座 預 金	400,000	(貸)	現	金	400,000	
8	(借)	備 品	200,000	(貸)	当 座 預 金	200,000	
10	(借)	仕 入	400,000	(貸)	当 座 預 金	200,000	
					当 座 借 越	200,000	
20	(借)	通 信 費	15,000	(貸)	当 座 借 越	15,000	
22	(借)	当 座 借 越	215,000	(貸)	売 掛 金	250,000	
		当 座 預 金	35,000				

当 座 預 金

| 8/1 現　金 | 400,000 | 8/8 備　品 | 200,000 |
| 22 売 掛 金 | 35,000 | 10 仕　入 | 200,000 |

当 座 借 越

| 8/22 売 掛 金 | 215,000 | 8/10 仕　入 | 200,000 |
| | | 20 通 信 費 | 15,000 |

(2)

8/1	(借)	当 座	400,000	(貸)	現	金	400,000	
8	(借)	備 品	200,000	(貸)	当 座	200,000	
10	(借)	仕 入	400,000	(貸)	当 座	400,000	
20	(借)	通 信 費	15,000	(貸)	当 座	15,000	
22	(借)	当 座	250,000	(貸)	売 掛 金	250,000	

当 座

8/1 現　金	400,000	8/8 備　品	200,000
22 売 掛 金	250,000	10 仕　入	400,000
		20 通 信 費	15,000

【解　説】

当座預金勘定と当座借越勘定を用いる場合には，当座預金勘定の残高は，当座借越勘定を使って減少を移行させているために，貸方にならない。当座勘定

のみを使用する場合は，その増減はすべて当座勘定に記入されるために，当座借越が生じた場合には貸方残高になる。本問では，8月22日当座借越は解消されているので，借方残高である。

精　算　表

勘定科目	試算表		修正記入		損益計算書		貸借対照表	
	借方	貸方	借方	貸方	借方	貸方	借方	貸方
現　　　金	400,000						400,000	
当座預金	35,000						35,000	
売掛金		250,000						250,000
備　　　品	200,000						200,000	
仕　　　入	400,000				400,000			
通信費	15,000				15,000			

4　伝票会計

(1) 以下の各取引について，下記のように伝票を作成した場合に，不足している振替伝票の記入を示しなさい。

　　湯田川商店に，商品¥470,000を販売し，代金のうち¥200,000については同店振出し，当店宛の約束手形で受け取り，残額は掛とした。

```
           振　替　伝　票
(借)                    (貸)
売　掛　金　270,000    売　　上　270,000
```

```
           振　替　伝　票
(借)                    (貸)
(        ) (         )  (          ) (         )
```

(2) 湯ノ沢商店から商品¥550,000を仕入れ，代金のうち¥350,000については，あつみ商店宛の約束手形を振り出し，残額は掛とした。

第3章 現金取引・伝票処理

```
        仕 入 伝 票
買 掛 金         550,000
```

```
              振 替 伝 票
(借)                    (貸)
(       )(       )  (       )(       )
```

(日商3級第105回改題)

(3) 次の取引について、伝票記入しなさい。

① 備品¥200,000を¥300,000で売却し、代金のうち¥100,000は現金で受け取り、残額は翌月末に受け取ることとした。

② かねて売上げた商品¥50,000が戻り、代金のうち¥10,000は現金で支払い、残額は掛代金から控除した。商品の売却取引は、3分法によって処理すること。

①

```
   入 金 伝 票
科  目 │ 金  額
(     )│(     )
```

```
              振 替 伝 票
(借)                    (貸)
(       )( 300,000)  備  品   200,000
                     (       )(       )
```

②

```
   出 金 伝 票
科  目 │ 金  額
(     )│(     )
```

```
              振 替 伝 票
(借)                    (貸)
(       )(  40,000)  (       )(  40,000)
```

(日商3級第112回改題)

解　答

(1)

振　替　伝　票			
(借)		(貸)	
(受 取 手 形)	(200,000)	(売　　上)	(200,000)

(2)

振　替　伝　票			
(借)		(貸)	
(買 掛 金)	(350,000)	(支 払 手 形)	(350,000)

(3)①

入　金　伝　票	
科　目	金　額
(未 収 金)	(100,000)

振　替　伝　票			
(借)		(貸)	
(未 収 金)	(300,000)	備　品	200,000
		(売 掛 金)	(100,000)

②

出　金　伝　票	
科　目	金　額
(売　　上)	(10,000)

振　替　伝　票			
(借)		(貸)	
(売　　上)	(40,000)	(売 掛 金)	(40,000)

【解　説】

(1) 本問の取引の仕訳は，次のとおりであるので，差額を追加すればよい。

　　(借)受 取 手 形　200,000　　(貸)売　　　　　上　470,000
　　　　売　掛　金　270,000

(2) 売上伝票と仕入伝票を3伝票制に加えた，5伝票制の問題である。
　　本問の取引の仕訳は次のとおりであるので，差額の調整に注意してほしい。

第 3 章　現金取引・伝票処理

（借）仕　　　　入　550,000	（貸）買　　掛　　金　200,000
	支　払　手　形　350,000

　仕入伝票で¥550,000の金額を全額掛とするため，そのあと約束手形を振り出して，買掛金を減少させて調整する。

(3)① 仕訳をあらわすと次のとおりである。

（借）現　　　　金　100,000	（貸）備　　　　　品　200,000
未　収　金　200,000	固定資産売却益　100,000

　振替伝票の記入は全額未収金として処理する。

（借）未　収　金　300,000	（貸）備　　　　　品　200,000
	固定資産売却益　100,000

　次に入金伝票で未収金の減少を処理する。

（借）現　　　　金　100,000	（貸）未　収　金　100,000

② 仕訳をあらわすと次のとおりである。

（借）売　　　　上　50,000	（貸）現　　　　金　10,000
	売　掛　金　40,000

　出金伝票は，相手勘定科目を記入すればよい。

（借）売　　　　上　10,000	（貸）現　　　　金　10,000

　振替伝票も，相手勘定科目をそのまま記入すればよい。

（借）売　　　　上　40,000	（貸）売　掛　金　40,000

　すなわち，次のように分解できる。

（借）売　　　　上　10,000	（貸）現　　　　金　10,000→**出金伝票へ**
（借）売　　　　上　40,000	（貸）売　掛　金　40,000→**振替伝票へ**

（大輪　好輝）

第4章

商品売買取引

第1節　商品売買取引の記帳方法

◆1　分　記　法

　商品を仕入れたときは，仕入高（仕入原価）を商品勘定（資産）の借方に記入し，商品を売上げたときは，売上品の原価（売上原価）を商品勘定の貸方に記入するとともに，売価（売上高）と売上原価との差額を商品売買勘定（収益）の貸方に記入する。このような記帳方法を**分記法**と呼ぶ。

　この方法は，商品を販売するつど売上原価を調べて売買益を計算しなければならないため，多種類の商品を取り扱う場合には，非常に手数と時間がかかるという難点がある。

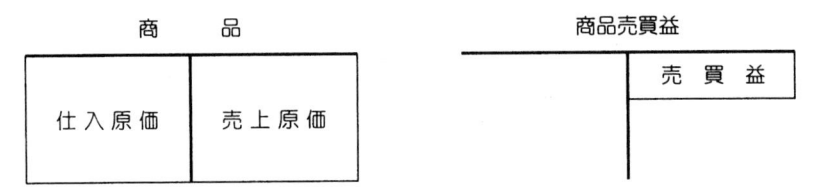

商　　品	
仕入原価	売上原価

商品売買益	
	売　買　益

◆2　総　記　法

　商品を仕入れたときは，仕入原価を商品勘定（資産）の借方に記入し，商品を売上げたときは，売上高を商品勘定の貸方に記入する。このような記帳方法を**総記法**と呼ぶ。

この方法は，商品勘定に仕入原価と売上高がそれぞれ記入されてしまうため，1つの勘定で資産の増減と収益の発生が混在してしまうという難点がある。

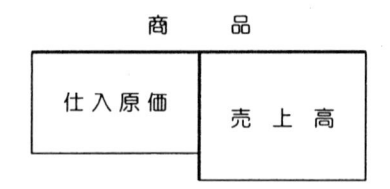

```
        商    品
┌──────────┬──────────────┐
│ 仕入原価  │   売  上  高  │
└──────────┤              │
           └──────────────┘
```

◆3　3　分　法

上述のような欠点を除くため，商品勘定を①繰越商品勘定，②仕入勘定，③売上勘定の3つに分割して記帳する方法がある。このような記帳方法を3分法と呼ぶ。

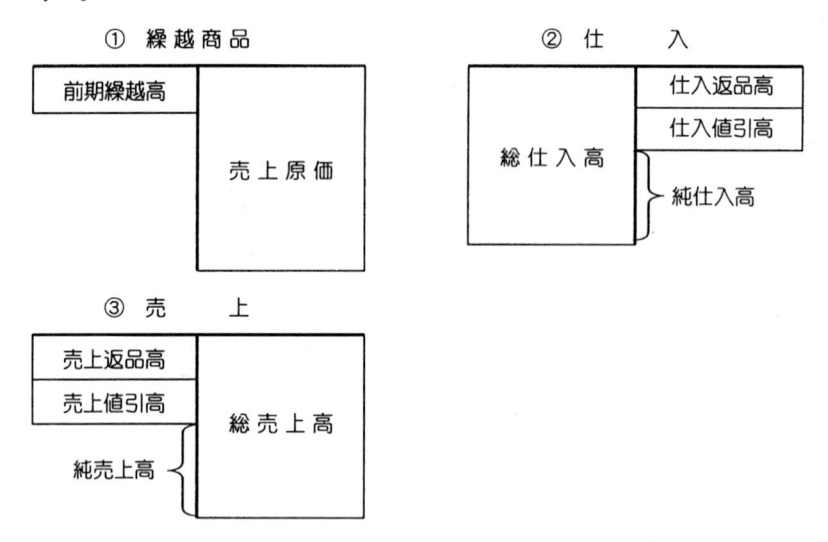

```
①　繰越商品                    ②　仕      入
┌─────────┐                   ┌──────────┬─────────┐
│前期繰越高│                   │          │仕入返品高│
├─────────┤                   │ 総仕入高 ├─────────┤
│         │                   │          │仕入値引高│
│ 売上原価│                   │          ├─────────┤
│         │                   │          │ 純仕入高 │
└─────────┘                   └──────────┴─────────┘

③　売      上
┌─────────┬─────────┐
│売上返品高│         │
├─────────┤         │
│売上値引高│ 総売上高│
├─────────┤         │
│ 純売上高 │         │
└─────────┴─────────┘
```

(1)　繰越商品勘定（資産）

　　前期より繰越された商品（期首商品棚卸高）が借方に記入される。

(2) 仕入勘定（費用）

　当期の仕入原価（仕入諸掛※を含む）が借方に記入され，品違いや品質不良などによる返品高や値引高を貸方に記入する。

> ※　仕入諸掛とは，商品を仕入れる際の引取運賃や運送保険料などの費用であり，仕入原価に含めて処理する。

(3) 売上勘定（収益）

　当期の売上高（売上諸掛※を含まず）が貸方に記入され，品違いや品質不良などによる返品高や値引高を借方に記入する。

> ※　売上諸掛とは，商品を販売する際の発送運賃や運送保険料などの費用であり，売主が負担する場合は発送費勘定（費用）や支払運賃勘定（費用）などの科目を用いて処理する。これに対し，買主負担である場合（売主が立替払いしたとき）は，立替金勘定（資産）や売掛金勘定（資産）を用いて処理する。

例題 4 － 1

　次の取引を3分法によって仕訳し，転記しなさい。なお，期首商品棚卸高は￥10,000ある。

(1)　商品￥50,000を仕入れ，代金は掛とした。なお，この商品の引取運賃￥1,000を現金で支払った。

(2)　上記の仕入れた商品のうち￥5,000を品違いのため返品した。

(3)　商品￥60,000を売上げ，代金は掛とした。なお，この商品の発送運賃￥1,000は現金で支払った（発送運賃は先方負担とする）。

(4)　上記の売上げた商品の一部が品質不良のため，￥3,000の値引きをした。

(5)　商品￥70,000を売上げ，代金は掛とした。なお，この商品の発送運賃

> ¥1,000は現金で支払った（発送運賃は当方負担とする）。

解　答

(1)	(借)	仕	入	51,000	(貸)	買　掛　金	50,000
						現　　　金	1,000
(2)	(借)	買　掛　金	5,000	(貸)	仕	入	5,000
(3)	(借)	売　掛　金	60,000	(貸)	売	上	60,000
		立　替　金	1,000	(貸)	現	金	1,000

※　立替金1,000は売掛金に含めて処理してもよい。

(4)	(借)	売	上	3,000	(貸)	売　掛　金	3,000
(5)	(借)	売　掛　金	70,000	(貸)	売	上	70,000
		発　送　費	1,000	(貸)	現	金	1,000

※　発送費は支払運賃勘定で処理してもよい。

```
         繰 越 商 品                       仕       入
前期繰越高  10,000             (1)諸  口  51,000 │ (2)買掛金  5,000

            売     上
(4)売掛金  3,000 │ (3)諸  口  60,000
                │ (5)諸  口  70,000
```

◆4　3分法による売上総利益の計算

　商品売買取引を3分法によって記帳している場合，商品売買益は売上げのつど計算せずに期末の段階で，以下の算式によって売上原価を計算し，売上高から売上原価を差し引いて売上総利益を計算する。

第4章　商品売買取引

(1) 売上原価＝期首商品棚卸高＋当期仕入高※－期末商品棚卸高
　※　当期仕入高（純仕入高）とは，総仕入高から仕入戻し高（仕入返品高）と仕入値引高を差し引いた金額を指す。
(2) 売上総利益＝売上高※－売上原価
　※　売上高（純売上高）とは，総売上高から売上戻り高（売上返品高）と売上値引高を差し引いた金額を指す。

たとえば，期首商品棚卸高¥20，仕入高¥100，期末商品棚卸高¥40とし，売上高¥140の場合の売上原価と売上総利益は図示すると，次のようになる。

(1) 売上原価

| 期首商品棚卸高20 | 売上原価　80 |
| 当期仕入高　100 | 期末商品棚卸高40 |

(2) 売上総利益

| 売上原価　80 | 売上高　140 |
| 売上総利益　60 | |

例題4－2

次の空欄に金額を記入しなさい。

	期首商品棚卸高	期末商品棚卸高	総仕入高	仕入戻し高	売上原価	総売上高	売上戻り高	売上総利益
1	1,000	200	2,000	300	(1)	4,000	1,000	(2)
2	350	250	(3)	50	1,050	(4)	300	200

解　答

(1) 2,500　(2) 500　(3) 1,000　(4) 1,550

※　(1)～(4)までの答えは，上図に当てはめて計算すると求めやすい。

◆5　3分法による決算時の勘定記入

　商品売買取引を3分法によって記帳している場合，期中において販売した売上高は計上されるが，これに対応する売上原価は計算されていないため，期末に繰越商品勘定および仕入勘定を整理して（これを**決算整理仕訳**という），売上原価を計算し，正確な売上総利益を計上しなければならない。つまり，前節の売上原価と売上総利益の計算は，期末に決算整理仕訳が行われた結果，算定されるのである。

　たとえば，当期売上高が¥200,000・当期仕入高が¥100,000・期首商品棚卸高が¥10,000・期末商品棚卸高が¥20,000とすると，決算整理前の記録は仕入勘定の借方に¥100,000と繰越商品勘定の借方に¥10,000となる。しかし，仕入勘定の借方残高は当期の売上原価を示していないため，次のような決算整理仕訳を行わなければならないのである。

【売上原価の決算整理仕訳】

① 前期繰越高（期首商品棚卸高）を繰越商品勘定から仕入勘定の借方へ振り替える（仕入勘定に期首商品の金額を足す）。

　（借）仕　　　　入　　 10,000　　（貸）繰　越　商　品　 10,000

② 次期繰越高（期末商品棚卸高）を仕入勘定の貸方から繰越勘定の借方へ振り替える（期末商品の金額を仕入勘定から差し引いて，繰越商品勘定へ移す）。

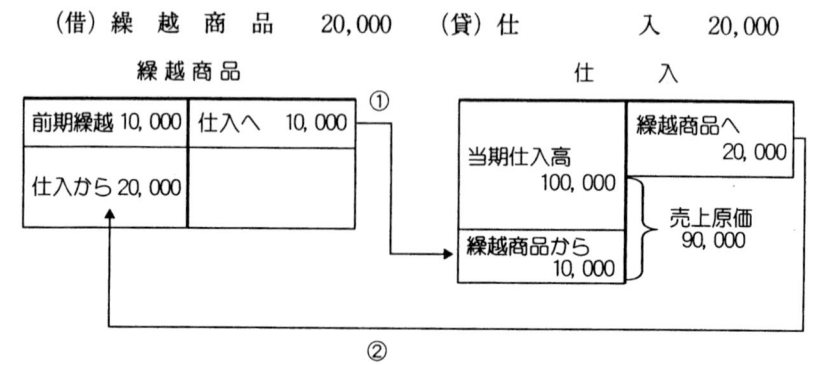

　（借）繰　越　商　品　 20,000　　（貸）仕　　　　入　　 20,000

```
        繰 越 商 品                         仕         入
┌─────────────┬─────────────┐      ┌─────────────┬─────────────┐
│前期繰越 10,000│仕入へ  10,000│  ①  │当期仕入高    │繰越商品へ    │
├─────────────┤             │      │       100,000│       20,000│
│仕入から 20,000│             │      ├─────────────┤             │
│             │             │      │繰越商品から  │売上原価      │
│             │             │      │       10,000│       90,000│
└─────────────┴─────────────┘      └─────────────┴─────────────┘
              ②
```

第4章 商品売買取引

例題4－3

次の期末整理事項をもとに仕訳の記入と精算表を完成させなさい。ただし、会計期間は1年である。

〔期末整理事項〕

- 期末商品棚卸高は￥95である。売上原価は「仕入」の行で計算すること。

精　算　表　　　　　　　　　　（単位：円）

勘定科目	試算表		修正記入		損益計算書		貸借対照表	
	借方	貸方	借方	貸方	借方	貸方	借方	貸方
…………								
繰越商品	90							
…………								
仕　入		200						
…………								

解　答

① 期首商品棚卸高（試算表の繰越商品￥90）を仕入勘定へ振り替える。
　（借）仕　　入　　　90　　（貸）繰　越　商　品　　90
② 期末商品棚卸高（期末整理事項の￥95）を仕入勘定から繰越商品勘定に振り替える。
　（借）繰　越　商　品　95　　（貸）仕　　入　　　95

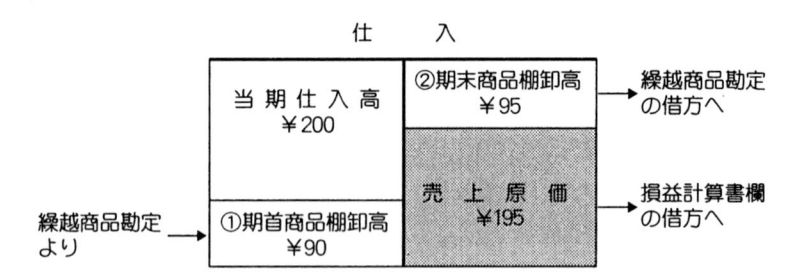

```
                  仕        入
        ┌──────────────┬──────────────┐
        │              │②期末商品棚卸高│ → 繰越商品勘定
        │  当 期 仕 入 高 │   ¥95        │   の借方へ
        │   ¥200       ├──────────────┤
        │              │              │
        │              │  売 上 原 価  │ → 損益計算書欄
繰越商品勘定→├──────────────┤   ¥195       │   の借方へ
  より    │①期首商品棚卸高│              │
        │   ¥90        │              │
        └──────────────┴──────────────┘
```

③ 「仕入」の行で売上原価を算出し、損益計算書欄の借方に記入する。

  期首商品棚卸高＋当期仕入高－期末商品棚卸高＝売上原価
   （¥90） （¥200） （¥95） （¥195）

④ 精算表への記入方法

精　算　表
（単位：円）

勘定科目	試算表		修正記入		損益計算書		貸借対照表	
	借方	貸方	借方	貸方	借方	貸方	借方	貸方
………………								
繰越商品(資産)	90		② 95	① 90			② 95	
………………								
………………		(＋)		(－)				
仕　入(費用)		200	① 90	② 95	③ 195			
………………								
………………		(＋)		(－)				

【損益計算書・貸借対照表への移記の方法】

 試算表欄の金額を損益計算書欄と貸借対照表欄に移記する際、修正記入欄に記入がある場合は、試算表欄の金額と同じ側にある場合は加算し、反対側にある場合は減算する。

第4章 商品売買取引

精 算 表

(単位：円)

勘定科目	試算表		修正記入		損益計算書		貸借対照表	
	借方	貸方	借方	貸方	借方	貸方	借方	貸方
…………								
(資産科目)	×××		×××	×××			×××	
…………			(+)	(−)				
…………								
(費用科目)	×××		×××	×××	×××			
…………			(+)	(−)				
…………								

第2節　商品売買取引に関する補助簿

◆1　仕入帳・売上帳

　商品の売買取引について，取引の明細を記録する補助簿として用いられるのが仕入帳と売上帳である。

(1) 仕　入　帳
　仕入帳には後に述べる売上帳と同様に，日付・仕入先・代金の支払方法・品名・数量・単価・金額などが記入される。

(2) 仕入帳の記入例

仕　入　帳

平成○年		摘　　　　要	内　　訳	金　　額
5	1	鶴の湯商店　　　　　　　　　　掛 　A商品　10個　@￥1,000		10,000
	10	大釜商店　　　　　　　　　　　掛 　A商品　30個　@￥1,000 　B商品　20個　@￥2,500	30,000 50,000	80,000
	25	大釜商店　　　　　　　　掛返品 　A商品　10個　@￥1,000		10,000
	31	総仕入高		90,000
	〃	仕入戻し高		10,000
	〃	純仕入高		80,000

【記入上の注意点】
① 摘要欄の1行目…左側に商店名，右側に支払方法を記入する。
② 摘要欄の2行目以降…品名・個数・単価・金額などを記入する。仕入の際に生じた仕入諸掛の金額は仕入帳に記入する。
③ 仕入返品・仕入値引…日付・摘要欄・金額を赤で記入する。

④ 帳簿締め切り…仕入戻し高（仕入返品高）・仕入値引高を赤で記入し，総仕入高（値引き等を含まない額）から差し引いて，純仕入高を記入する。

(3) 売　上　帳

売上帳にも仕入同様，日付・得意先・品名・数量・単価・金額などが記入される。

【記入上の注意点】については，仕入帳の場合を応用すればよい。

ただし，売上の際に生じた発送費は売上勘定に直接関わりのないものなので，売上帳には記入されない。

(4) 売上帳の記入例

売　上　帳

平成〇年		摘　　　　要	内　訳	金　額
5	1	妙乃湯商店　　　　　　　　　掛 　A商品　40個　＠¥1,000		40,000
	10	蟹場商店　　　　　　　　　　掛 　A商品　60個　＠¥2,000 　B商品　40個　＠¥2,500	120,000 100,000	220,000
	25	蟹場商店　　　　　　　　掛値引 　A商品　10個　＠¥1,000		10,000
	31	総売上高		260,000
	〃	売上値引高		10,000
	〃	純売上高		250,000

例題 4 － 4

次の売上帳に関する取引を，売上帳に記入して月末に締め切りなさい。

7／4　孫六商店へ商品¥80,000（プラズマテレビ2台＠¥40,000）を掛売りした。

14 黒湯商店に商品￥120,000（液晶テレビ10台@￥3,000・プラズマテレビ5台@￥18,000）を掛で売上げた。
18 黒湯商店へ売上げた商品について￥10,000（プラズマテレビ5台@￥2,000）の値引きに応じた。

解 答

売　上　帳

平成〇年		摘　　　　要			内　訳	金　額
7	4	孫六商店　　　　　　　　　　掛				
		プラズマテレビ　2個　@￥40,000				80,000
	14	黒湯商店　　　　　　　　　　掛				
		液晶テレビ	10個	@￥3,000	30,000	
		プラズマテレビ	5個	@￥18,000	90,000	120,000
	18	黒湯商店　　　　　　　　掛値引				
		プラズマテレビ　5台　@￥2,000				10,000
	31			総売上高		200,000
	〃			売上値引高		10,000
	〃			純売上高		190,000

◆2　商品有高帳

　商品の受け入れ，払い出しおよび残高を記録する補助簿（補助元帳）である。商品有高帳は，商品の種類別に口座を設定し，商品の受け入れ，払い出しおよび残高について数量・単価・金額を仕入原価で記入する。そのため，これを作成することにより，売上原価および期末商品棚卸高を算定することが可能となる。また，常に種類ごとの払出価額や仕入原価，在庫数量が把握でき，帳簿上の有高が明確となる。

　同種商品でも，仕入時期の違いなどにより仕入単価が異なるケースが多く，商品有高帳における払出単価の計算には種々の方法がある。そのうち，ここで

は先入先出法と移動平均法についての説明をする。

(1) 先入先出法

先に仕入れたものから先に引き渡すと仮定して払出単価を決定する方法で，**買入順法**ともいう。仕入単価の異なるものがある場合には，行を分けて数量・単価・金額を記入する。

(2) 移動平均法

単価の異なる商品を仕入れるたびに，以下の算式にもとづいて平均単価を求め，それを払出単価とする方法である。

$$平均単価 = \frac{受入直前の残高欄の金額＋受入欄の仕入金額}{受入直前の残高数量＋受入欄の仕入数量}$$

移動平均法は平均単価を求めるため，残高欄は必ず1行しか記入されない。

【記入上の注意点】
① 商品有高帳に記入する金額…すべて仕入原価を基礎とする。
② 仕入戻し（返品）…受入欄に数量・単価・金額を赤字で記入する。ただし，払出欄に黒字で記入する方法もある。
③ 売上戻り（返品）…払出欄に数量・単価・金額を赤字で記入する。ただし，受入欄に黒字で記入する方法もある。
④ 仕入値引…受入欄に金額だけ赤字で記入して，残高欄の単価・金額欄を修正する（払出欄に黒字で記入する場合もある）。
⑤ 売上値引…商品有高との関わりがないため，商品有高帳には記入されない。
⑥ 帳簿の締切り…残高欄の数量・単価・金額を「次月繰越」として払出欄に赤字で記入し，受入欄と払出欄の数量合計と金額合計とを一致させ，締め切る。

締切り後，「前月繰越」として受入欄と残高欄に記入する。

例題4－5

A商品の6月における取引を次の資料にもとづき，①先入先出法，②移動平均法によって商品有高帳を作成し，締め切りなさい。

6／1　前月繰越　40個　@¥1,200　¥48,000
　6　仕　　入　60個　@¥1,500　¥90,000
　22　売　　上　50個　@¥1,500　¥75,000

解　答

① 先入先出法

商品有高帳
A 商品
先入先出法　　　　　　　　　　　　　　　　　　　　　（単位：個）

平成〇年		摘要	受入			払出			残高		
			数量	単価	金額	数量	単価	金額	数量	単価	金額
6	1	前月繰越	40	1,200	48,000				40	1,200	48,000
	6	仕　入	60	1,500	90,000				60	1,500	90,000
	22	売　上				40	1,200	48,000			
						10	1,500	15,000	50	1,500	75,000
	30	次月繰越				50	1,500	75,000			
			100		138,000	100		138,000			
7	1	前月繰越	50	1,500	75,000						

② 移動平均法

商 品 有 高 帳

移動平均法　　　　　　　　　　A　商　品　　　　　　　　　　　（単位：個）

平成〇年		摘 要	受 入			払 出			残 高		
			数量	単価	金　額	数量	単価	金　額	数量	単価	金　額
6	1	前月繰越	40	1,200	48,000				40	1,200	48,000
	6	仕　　入	60	1,500	90,000				100	1,380	138,000
	22	売　　上				50	1,380	69,000	50	1,380	69,000
	30	次月繰越				50	1,380	69,000			
			100		138,000	100		138,000			
7	1	前月繰越	50	1,380	69,000						

※　移動平均法による平均単価の計算

　　6／6の残高欄の単価

　　　（￥48,000＋￥90,000）÷（40＋60）＝￥1,380　＠￥1,380となる。

第3節　掛取引の記入

◆1　売掛金と買掛金

　商品の売買における代金の決済として，現金での支払い以外に，将来の一定の期日に，現金などによる決済を約束して商品を売買する取引を**掛取引**という。この取引により生じた掛債権（将来，商品代金を回収することができる権利）を売掛金，掛債務（将来，商品代金を支払う義務）を買掛金という。
　簿記上それぞれの債権債務が発生した場合には，売掛金勘定（資産）または買掛金勘定（負債）で処理する。

例題4－6

次の取引を仕訳しなさい。
7／3　玉川商店から商品￥500,000を掛で仕入れた。
　　5　上記商品に品違いがあり，￥50,000の返品をした。
　　9　後生掛商店へ商品￥300,000を売上げ，代金のうち￥100,000は同店振り出しの小切手で受け取り，残額は掛とした。
　　14　蒸ノ湯商店から商品￥280,000を仕入れ，代金のうち￥120,000は小切手で支払い，残額は掛とした。なお，引取運賃￥2,000は現金で支払った。
　　17　大深商店へ商品￥280,000を売上げ，代金は掛とした。なお，発送費￥4,000は先方負担（売掛金に含める）として，現金で立替払いをした。
　　21　17日に売上げた商品のうち，一部に不良品があり￥10,000の値引きを承諾した。
　　25　後生掛商店から売掛金の回収として，小切手￥70,000を受け取り，直ちに当座預金とした。

第4章　商品売買取引

解　答

7／3	(借)	仕		入	500,000	(貸)	買　掛　金	500,000
5	(借)	買　掛　金			50,000	(貸)	仕　　　入	50,000
9	(借)	現		金	100,000	(貸)	売　　　上	300,000
		売　掛　金			200,000			
14	(借)	仕		入	282,000	(貸)	当　座　預　金	120,000
							買　掛　金	160,000
							現　　　金	2,000
17	(借)	売　掛　金			284,000	(貸)	売　　　上	280,000
							現　　　金	4,000

※　発送費を売掛金勘定もしくは立替金勘定で処理するのかは，問題文中をよく読んで判断するとよい。

21	(借)	売	上	10,000	(貸)	売　掛　金	10,000
25	(借)	当　座　預　金		70,000	(貸)	売　掛　金	70,000

◆2　人名勘定

　得意先に商品を掛で売る場合には売掛金勘定で処理し，仕入先から商品を掛で仕入れる場合には買掛金勘定で処理するのが一般的である。しかし，この方法では，売掛金と買掛金の総額を明らかにすることはできるが，得意先の掛債権（売掛金）や仕入先の掛債務（買掛金）などの増減と残高を明らかにすることはできない。

　そこで，得意先別または仕入先別に取引相手方の商店名などを勘定科目として用いて，増減と残高を明確にする方法がとられる。このような勘定科目を**人名勘定**という。

例題4－7

　例題4－6 の取引に関して，人名勘定を用いて仕訳をしなさい。

解　答

7/3	(借)	仕　　　　　入	500,000	(貸)	玉　川　商　店	500,000
5	(借)	玉　川　商　店	50,000	(貸)	仕　　　　　入	50,000
9	(借)	現　　　　　金	100,000	(貸)	売　　　　　上	300,000
		後生掛商店	200,000			
14	(借)	仕　　　　　入	282,000	(貸)	当　座　預　金	120,000
					蒸ノ湯商店	160,000
					現　　　　　金	2,000
17	(借)	大　深　商　店	284,000	(貸)	売　　　　　上	280,000
					現　　　　　金	4,000
21	(借)	売　　　　　上	10,000	(貸)	大　深　商　店	10,000
25	(借)	当　座　預　金	70,000	(貸)	後生掛商店	70,000

※　仕訳の際には，売掛金勘定・買掛金勘定で処理する場合と同様に，それぞれ該当する人名勘定に置き換わることになる。

◆3　売掛金元帳・買掛金元帳と統制勘定

　掛取引において人名勘定で処理する場合，得意先別または仕入先別に増減と残高を明確にできることが明らかになった。しかし，人名勘定を総勘定元帳として記入する場合，取引先が増加すると，集計に手間がかかり，誤りが生じる可能性も出てくるのであまり適当とはいえない。

　そこで，総勘定元帳（元帳）には売掛金・買掛金の各勘定を設けて，全体の増減と残高を明らかにするとともに，**売掛金元帳（得意先元帳）・買掛金元帳（仕入先元帳）**という**補助簿**を作成し，取引先ごとに各人名勘定口座を設けて記録をする。そうすることにより，売掛金元帳と買掛金元帳は総勘定元帳の売掛金勘定と買掛金勘定の明細を明らかにできるのである。

　例題4－6 の仕訳をもとに記帳すると次のようになる。

第4章 商品売買取引

総勘定元帳

```
         売    掛    金                        買    掛    金
7/9 売  上  200,000 | 7/21 売  上   10,000    7/5 仕  入   50,000 | 7/3 仕  入  500,000
  17 諸  口  284,000 |   25 当座預金 70,000                         14 仕  入  160,000
```

売掛金元帳

```
         後生掛商店                           玉川商店
7/9 売  上  200,000 | 7/25 回  収  70,000    7/5 返  品  50,000 | 7/3 仕  入  500,000

         大深商店                             蒸ノ湯商店
7/17 売 上  284,000 | 7/21 値  引  10,000                         7/14 仕  入  160,000
```

買掛金元帳

(上記参照)

　総勘定元帳と売掛金元帳を記入する方法を用いると，売掛金勘定の借方には，売掛金元帳の各人名勘定の借方合計が，同様に貸方には各人名勘定の貸方合計が記入される。したがって，売掛金勘定の借方合計と貸方合計は常に売掛金元帳の各人名勘定借方合計と貸方合計に一致する。また買掛金勘定の借方合計と貸方合計についても，買掛金元帳の各人名勘定借方合計・貸方合計に一致する。なお，総勘定元帳における売掛金勘定および買掛金勘定は，補助元帳である売掛金元帳・買掛金元帳の各人名勘定のすべてを統制するという意味で，**統制勘定（総括勘定）**といわれる。

◆4　売掛金明細表と買掛金明細表

　売掛金について，総勘定元帳上の売掛金勘定と補助元帳の各人名勘定の記入が正しいかどうかを検証するために，売掛金明細表を作成することがある。また買掛金についても同様に，買掛金明細表が作成される。これらの明細表は，売掛金および買掛金の取引先別一覧表として役立つとともに，総勘定元帳上の売掛金勘定残高と買掛金勘定残高が補助元帳上の各人名勘定残高の合計額と一致するかどうかを検証する機能を持っている。

例題4－8

次の8月中の取引により，買掛金元帳の八幡平商店の記帳と締切りを行いなさい。また買掛金明細表を作成しなさい。

8／1 買掛金の前月繰越高は￥500,000であり，その内訳は次のとおりであった。

　　　八幡平商店　￥300,000　乳頭商店　￥200,000

　13 八幡平商店より商品￥200,000を仕入れ，代金は掛とした。なお引取運賃￥3,000を現金で支払った。

　20 上記商品に品違いがあり，商品￥15,000を返品した。

　28 買掛金支払いのため，八幡平商店￥250,000　乳頭商店￥50,000の小切手を振り出した。

解　答

8／1　仕訳なし

　13　(借) 仕　　　　入　　203,000　　(貸) 八 幡 平 商 店　　200,000
　　　　　　　　　　　　　　　　　　　　　　現　　　　金　　　3,000

　20　(借) 八 幡 平 商 店　　15,000　　(貸) 仕　　　　入　　 15,000

　28　(借) 八 幡 平 商 店　 250,000　　(貸) 買　　掛　　金　 300,000
　　　　　乳 頭 商 店　　 50,000

買　掛　金　元　帳
八幡平商店

日付		摘　　要	借方	貸方	借/貸	残高
8	1	前月繰越		300,000	貸	300,000
	13	仕　入		200,000	〃	500,000
	20	返　品	15,000		〃	485,000
	28	小切手振り出し	250,000		〃	235,000
	31	前月繰越	235,000			
			500,000	500,000		
9	1	前月繰越		235,000	貸	235,000

買掛金明細表

	8月1日	8月31日
八幡平商店	¥300,000	¥235,000
乳頭商店	¥200,000	¥150,000
	¥500,000	¥385,000

※ 「借または貸」の欄に「借」または「貸」と記入するかは，残高欄に記載される残高が借方残高なのか，貸方残高なのかで判断する。

◆5　貸倒れと貸倒れの見積もり

(1) 貸倒れ

　得意先に対する売掛金が，相手方の倒産などにより回収不能となることを**貸倒れ**という。貸倒れが発生した場合，その金額だけ費用（損失）が発生したことになるため，貸倒損失勘定【費用】の借方に記入するとともに売掛金勘定の貸方にも記入して売掛金を減額させる。

【貸倒れ発生時の仕訳】

> 例題4－9
> 大湯商店に対する売掛金¥70,000が貸倒れになった。

解 答

（借）貸 倒 損 失　70,000　（貸）売　掛　金　70,000

(2) **貸倒れの見積もり**

　期末における売掛金のうち，次期以降に貸倒れが予想されるものについては，期末の時点で貸倒れ予想額を見積もっておき，**貸倒引当金繰入勘定（費用）**の借方に記入して当期の費用とするとともに，売掛金を減額させる必要が生じてくる。

　しかしながら，実際にどの売掛金について貸倒れが生じるのか，あるいはどの程度の金額が貸倒れとなるかは不明なので，直接売掛金を減額させることはしない。そのかわり貸倒引当金勘定を設け，その貸方に記入する方法がとられる。**貸倒引当金勘定**は，間接的に売掛金勘定を減額させ，売掛金の現在高を評価する役割を果たしているので，**売掛金の評価勘定**といわれる。

【期末における貸倒れ見積もり時の仕訳】

例題 4 —10

　決算に際し，期末売掛金残高￥300,000に対し，実績法により貸倒引当金の設定をする。なお，貸倒引当金実績率は3％で設定する。

解 答

（借）貸倒引当金繰入　9,000　（貸）貸 倒 引 当 金　9,000

貸倒見積額＝(売掛金勘定・受取手形勘定の期末残高)×貸倒実績率(％)
　　　　　　　　　　　売上債権の期末残高

(3) **貸倒引当金の計上方法**

　前期末に設定した貸倒引当金残高がある場合の，期末（決算整理仕訳）における貸倒引当金を計上する方法として，**実績法**という方法がとられる。実績法と

は、貸倒引当金を過去の貸倒引当金実績にもとづいて算定する方法である。

※ 「実績法」の繰入額の算定方法・貸倒引当金の設定方法（仕訳）は、「差額補充法」と同様である。

【① 期末の貸倒引当金見積額＞貸倒引当金残高の場合】

貸倒見積額が貸倒引当金勘定残高よりも多い場合には、その差額分を貸倒引当金繰入勘定の借方に記入するとともに、貸倒引当金勘定の貸方に記入する。

例題4－11

次の期末整理事項をもとに仕訳の記入と精算表を完成させなさい。ただし、会計期間は1年である。

〔期末整理事項〕

・売掛金の期末残高の合計額に対して、過去の貸倒実績率にもとづく3％の貸倒引当金を設定する。貸倒引当金の設定は「実績法」によること

精　算　表　　　　　　　　　（単位：円）

勘定科目	試算表		修正記入		損益計算書		貸借対照表	
	借方	貸方	借方	貸方	借方	貸方	借方	貸方
…………								
売掛金	6,000							
…………								
貸倒引当金		120						
…………								

解　答

　（借）貸倒引当金繰入　　　60　　（貸）貸倒引当金　　　60

① 「貸倒引当金見積額」は、期末の売掛金残高の3％であるので、

> 【貸倒引当金見積額】
> ￥6,000×0.03＝￥180

② 貸倒引当金の設定方法は「実績法」であるので，見積額￥180と貸倒引当金残高￥120との差額￥60を繰り入れればよい。

> 【差額補充法】
> 貸倒引当金見積額￥180＞貸倒引当金残高￥120⇒差額分￥60計上
> （￥6,000×3％）

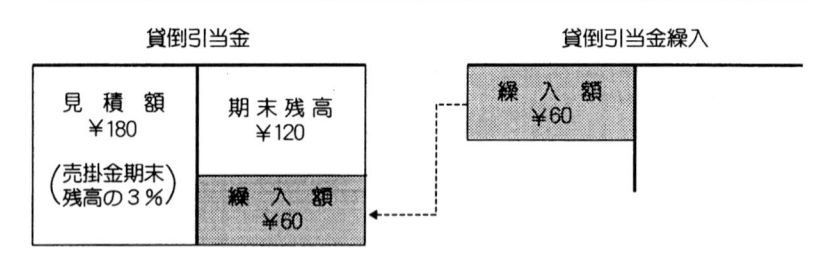

```
        貸倒引当金                        貸倒引当金繰入
┌─────────┬─────────┐              ┌─────────┐
│ 見 積 額 │ 期 末 残 高 │              │ 繰 入 額 │
│  ￥180   │   ￥120    │              │   ￥60   │
│(売掛金期末├─────────┤              └─────────┘
│ 残高の3％)│ 繰 入 額  │
│          │   ￥60    │
└─────────┴─────────┘
```

③ 精算表への記入方法

精算表　　　　　　　　　　　（単位：円）

勘定科目	試算表		修正記入		損益計算書		貸借対照表	
	借方	貸方	借方	貸方	借方	貸方	借方	貸方
………								
貸倒引当金 （評価勘定）		120		60				180
………				(＋)				
貸倒引当金繰入 （費用）			60		60			
………								

【損益計算書・貸借対照表への移記の方法】

試算表欄の金額を損益計算書欄と貸借対照表欄に移記する際，修正記入欄に

記入がある場合は，試算表欄の金額と同じ側にある場合は加算し，反対側にある場合は減算する。また，貸倒引当金繰入などのように，修正記入欄に新たに記入された金額は費用・収益に属するものは損益計算書欄に記入し，資産・負債に属するものは貸借対照表欄に記入する。

精　算　表　　　　　　　　　（単位：円）

勘定科目	試算表		修正記入		損益計算書		貸借対照表	
	借方	貸方	借方	貸方	借方	貸方	借方	貸方
………………								
（売掛金の評価勘定）		×××		×××				▶×××
………………				(+)				
（新たな費用科目）			×××		▶×××			
………………								

【②　期末の貸倒引当金見積額＜貸倒引当金残高の場合】

貸倒見積額よりも貸倒引当金残高が多い場合には，それらの差額分を貸倒引当金戻入勘定（収益）へ戻し入れる。

例題 4 －12

次の期末整理事項をもとに仕訳の記入と精算表を完成させなさい。ただし，会計期間は1年である。

〔期末整理事項〕

・売掛金の期末残高の合計額に対して，過去の実績にもとづく3％の貸倒引当金を設定する。貸倒引当金の設定は「実績法」によること

精算表

(単位:円)

勘定科目	試算表 借方	試算表 貸方	修正記入 借方	修正記入 貸方	損益計算書 借方	損益計算書 貸方	貸借対照表 借方	貸借対照表 貸方
…………								
売掛金	6,000							
…………								
貸倒引当金		200						
…………								

解 答

(借) 貸倒引当金　20　　(貸) 貸倒引当金戻入　20

① 「貸倒引当金見積額」は，期末の売掛金残高の3％であるので，

【貸倒引当金見積額】
¥6,000×0.03＝¥180

② 貸倒引当金の設定方法は「実績法」であるので，見積額¥180と貸倒引当金残高¥200との差額¥20を戻し入れればよい。

貸倒引当金見積額¥180＜貸倒引当金残高¥200⇒差額分¥20を戻入
(¥6,000×3％)

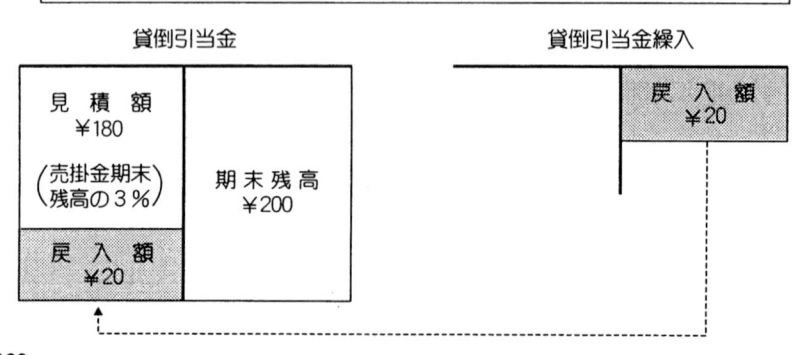

貸倒引当金

見積額 ¥180 (売掛金期末残高の3％)	期末残高 ¥200
戻入額 ¥20	

貸倒引当金繰入

	戻入額 ¥20

③ 精算表への記入方法

精算表　　　　　　　　　（単位：円）

勘定科目	試算表		修正記入		損益計算書		貸借対照表	
	借方	貸方	借方	貸方	借方	貸方	借方	貸方
………………								
貸倒引当金 （評価勘定）		200	20					180
………………								
………………				(−)				
貸倒引当金戻入 （収　益）				20		20		
………………								

【損益計算書・貸借対照表への移記の方法】

精算表　　　　　　　　　（単位：円）

勘定科目	試算表		修正記入		損益計算書		貸借対照表	
	借方	貸方	借方	貸方	借方	貸方	借方	貸方
………………								
(売掛金の評価勘定)		×××	×××					×××
………………				(−)				
(新たな収益科目)				×××		×××		
………………								

(4) 貸倒れ発生時の貸倒引当金取り崩し

　前期末に貸倒引当金が設定されている売掛金は，当期に実際に貸倒れが生じた場合には，当該貸倒引当金を取り崩す（借方に記入）とともに，売掛金を減少（貸方に記入）させる。

　貸倒れが実際に発生したときは，貸倒引当金勘定の残高との関係で，2とお

りの仕訳処理が行われる。

【① 貸倒引当金発生額＜貸倒引当金設定額の場合】

　貸倒引当金勘定の残高がある場合において，貸倒れの額が貸倒引当金勘定の残高よりも少ない額であれば，貸倒引当金勘定を借方に記入するとともに，売掛金勘定を貸方に記入する。

例題4－13

　得意先湯瀬商店に対する売掛金￥70,000が回収不能となった。なお，貸倒引当金勘定の残高は￥80,000ある。

解　答

貸倒れ額￥70,000＜貸倒引当金残高￥80,000⇒貸倒引当金残高￥10,000

（借）貸 倒 引 当 金　　10,000　　（貸）売　　掛　　金　　10,000

【② 貸倒引当金発生額＞貸倒引当金設定額の場合】

　貸倒引当金勘定の残高がある場合において，貸倒れの額が貸倒引当金勘定の残高よりも多い額であれば，その超過額を貸倒損失勘定（費用）で処理する。

例題4－14

　得意先日景商店に対する売掛金￥80,000が回収不能となった。なお，貸倒引当金勘定の残高は￥50,000ある。

解　答

貸倒れ額￥80,000＞貸倒引当金残高￥50,000⇒差額分￥30,000貸倒損失

（借）貸 倒 引 当 金　　50,000　　（貸）売　　掛　　金　　80,000
　　　貸 倒 損 失　　30,000

【(参考) 貸倒引当金勘定の残高がない場合】

貸倒引当金勘定の残高がない場合においては，貸倒れの額をすべて貸倒損失勘定（費用）の借方に記入するとともに売掛金勘定（資産）を貸方に記入する。

> **例題 4 −15**
> 得意先矢立商店に対する売掛金¥80,000が回収不能となった。なお，貸倒引当金勘定の残高はない。

解 答

(借) 貸 倒 損 失　80,000　　(貸) 売　　掛　　金　80,000

(5) 貸倒れ処理済売掛金の回収

前期以前に貸倒れとして処理しておいた売掛金が，得意先の業績回復などの理由で，当期に回収される場合，回収した額を**償却債権取立益勘定（収益）**を貸方に記入する。

> **例題 4 −16**
> 前期に貸倒れとして処理しておいた森岳商店に対する売掛金¥7,000のうち¥4,000が現金で回収され，同店振り出しの小切手で受け取った。

解 答

(借) 現　　　　金　4,000　　(貸) 償却債権取立益　4,000

❖ **練習問題3** ❖

1 次の取引を3分法により仕訳を示しなさい。

(1) 東山商店から商品¥200,000を仕入れ，代金のうち半額は小切手を振り出し，残額は掛とした。
(2) 飯坂商店から商品¥200,000を掛で仕入れた。なお，引取運賃¥4,000は現金で支払った。
(3) 飯坂商店から仕入れた商品のうち，品違いのため¥40,000を返品した。この金額は同店に対する買掛金から差し引いた。
(4) 芦ノ牧商店に商品¥300,000を販売し，代金のうち¥200,000は同店振り出しの小切手で受け取り，残額は掛とした。なお，発送費（先方負担）¥6,000は現金で支払った。
(5) 西山商店に商品¥250,000を販売し，代金は掛とした。なお，発送費（当店負担）¥6,000は現金で支払った。
(6) 上記の西山商店に販売した商品のうち，品違いのため¥30,000が返品されたので，売掛金から差し引いた。

	借 方	金 額	貸 方	金 額
(1)				
(2)				
(3)				
(4)				
(5)				
(6)				

第4章　商品売買取引

2　次の表の空欄を埋めなさい。

	柳津商店	早戸商店	湯ノ花商店	木賊商店
期首商品棚卸高	（　）	200	500	610
期末商品棚卸高	300	（　）	600	800
総仕入高	4,000	4,800	（　）	5,060
仕入値引高	200	500	400	（　）
総売上高	8,000	5,250	（　）	6,480
売上返品高	1,000	250	300	280
売上原価	（　）	3,500	4,500	（　）
売上総利益	3,000	（　）	3,000	1,450

3　次の商品売買の勘定と損益勘定について，（　）内に必要な金額もしくは勘定科目を下記の中から選び，記入を行いなさい。なお，売上原価は仕入勘定でまとめて計算するものとする。

```
          繰越商品                          仕       入
1/1 前期繰越  25 │12/31 (⑥)    (⑦)      当期仕入高 200 │   当期仕入戻し   10
12/31 (⑪)  (⑫)│  〃  (⑰)    (⑱)  12/31 (⑧)  (⑨)│12/31 (⑩)     30
                │      (⑲)                        │  〃  損 益  (⑬)
                │      (⑲)                  (⑭)  │          (⑭)

          売       上                          損       益
   当期売上値引  15│12/31 当期売上高 280   12/31 (⑮)  (⑯)│12/31 (④)   (⑤)
12/31 (①)  (②)│  〃    
                │      (③)                    
                │      (③)
```

①	②	③	④	⑤	⑥	⑦
⑧	⑨	⑩	⑪	⑫	⑬	⑭
⑮	⑯	⑰	⑱	⑲		

4 次の取引の仕訳を示し，また仕入帳に記入して，締め切りなさい。

8／1 熱塩商店から次の商品を仕入れ，代金は掛とした。
　　　　テニスラケット　10本　＠￥1,500　￥15,000

　11 熱塩商店から仕入れた上記商品のうち，2本分￥3,000が不良品のため返品し，代金は買掛金から差し引くことにした。

　21 日中商店から次の商品を仕入れ，代金のうち￥70,000は約束手形を振り出して支払い，残額は掛とした。
　　　　テニスラケット　10本　＠￥1,200　￥12,000
　　　　テニスボール　　100個　＠　￥800　￥80,000

	借　　方	金　　額	貸　　方	金　　額
(1)				
(2)				
(3)				

仕　入　帳

平成○年		摘　　　要	内　訳	金　額
8	1			
	10			
	21			
	31			
	〃			

第4章 商品売買取引

5 9月中の次の売上帳の記入から取引を推定して仕訳を示しなさい。また，純売上高の金額を求めなさい。

売 上 帳

平成○年		摘　　　　　要	内　訳	金　額
9	4	湯野上商店　　　　　　　小切手および掛		
		サッカーボール　40個　@¥600（小切手）	24,000	
		サッカースパイク　20足　@¥500（掛）	10,000	34,000
	8	大塩商店　　　　　　　　掛		
		サッカーボール　30個　@¥550		16,500
	24	湯野上商店　　　　　　　掛　返　品		
		サッカースパイク　5足　@¥500		2,500
	28	大塩商店　　　　　　　　掛　値　引		
		サッカーボール　5個　@¥300		1,500

	借　方	金　額	貸　方	金　額
(1)				
(2)				
(3)				
(4)				

9月中の純売上高の金額
¥

6 次の仕入帳と売上帳にもとづいて，(1)先入先出法，(2)移動平均法によって商品有高帳に記入し，また10月中の売上高，売上原価および売上総利益を計算しなさい。なお，商品有高帳は締め切らなくてよい。

仕 入 帳

平成○年		摘 要	内 訳	金 額
10	8	大塩商店　　　　　　　　　　掛		
		ゴルフボール　30個　@¥500		15,000
	16	滝商店　　　　　　　　　　　掛		
		ゴルフボール　20個　@¥400		8,000

売 上 帳

平成○年		摘 要	内 訳	金 額
10	12	湯野上商店　　　　　　　　　掛		
		ゴルフボール　30個　@¥600		18,000
	24	大塩商店　　　　　　　　　　掛		
		ゴルフボール　30個　@¥700		21,000

商 品 有 高 帳

(1) 先入先出法　　　　ゴルフボール　　　　　　（単位：個）

平成○年		摘 要	受 入			払 出			残 高		
			数量	単価	金 額	数量	単価	金 額	数量	単価	金 額
10	1	前月繰越	20	400	8,000				20	400	8,000

商品有高帳

(2) 移動平均法　　　ゴルフボール　　　　　　　　　　（単位：個）

平成 ○年		摘要	受入			払出			残高		
			数量	単価	金額	数量	単価	金額	数量	単価	金額
10	1	前月繰越	20	400	8,000				20	400	8,000

(1) 先入先出法　　　　　　　　　　　(2) 移動平均法

　　売　上　高　（¥　　　　　）　　　　売　上　高　（¥　　　　　）
　　売　上　原　価　（¥　　　　　）　　売　上　原　価　（¥　　　　　）
　　売　上　総　利　益　（¥　　　　　）　売　上　総　利　益　（¥　　　　　）

⑦　次の11月中の取引について，人名勘定を用いて仕訳を示し，買掛金元帳の泥湯商店の記入と締切りを行いなさい。また，買掛金明細表を作成しなさい。

11／1　買掛金の前月繰越高は¥58,000である。なお，内訳は，飯坂商店¥33,000　泥湯商店¥25,000である。

　　6　泥湯商店から商品¥31,000を仕入れ，代金のうち¥6,000は小切手を振り出して支払い，残額は掛とした。

　　12　飯坂商店から¥12,000および泥湯商店から商品¥12,000を仕入れ，代金はそれぞれ掛とした。

　　20　泥湯商店から12日に仕入れた商品につき，¥800の値引きを受けた。なお，代金は買掛金から差し引くことにした。

　　24　飯坂商店に対する買掛金のうち¥10,000を，また泥湯商店に対する買掛金のうち¥50,000をそれぞれ小切手を振り出して支払った。

日付	借方	金額	貸方	金額
11／6				
12				
20				
24				

買掛金元帳

泥湯商店

平成○年		摘要	借方	貸方	借/貸	残高
11	1	前月繰越				
12	1					

買掛金明細帳

	11月1日	11月30日
飯坂商店	¥ 33,000	¥
泥湯商店	25,000	
	¥	¥

第4章 商品売買取引

8 次の取引の仕訳を示しなさい。

(1) 得意先東山商店が倒産したため，同店に対する売掛金￥56,000が回収不能となった。ただし，貸倒引当金勘定の残高が￥60,000ある。

(2) 得意先芦ノ牧商店が倒産したため，同店に対する売掛金￥56,000が回収不能となった。ただし，貸倒引当金勘定の残高が￥40,000であった。

(3) 得意先鶴の湯商店が倒産したため，同店に対する売掛金￥56,000が回収不能となった。ただし，貸倒引当金勘定の残高が￥0であった。

(4) 決算にあたり，売掛金￥2,000,000に対して2％の貸倒れを見積もる。ただし，貸倒引当金勘定の残高が￥30,000ある。

(5) 決算にあたり，受取手形￥200,000および売掛金￥100,000に対して2％の貸倒れを見積もる。ただし，貸倒引当金勘定の残高が￥8,000ある。

(6) 前期に貸倒れとして処理しておいた乳頭商店への売掛金￥250,000を現金で回収した。

	借 方	金 額	貸 方	金 額
(1)				
(2)				
(3)				
(4)				
(5)				
(6)				

解 答

1

	借 方	金 額	貸 方	金 額
(1)	仕 入	200,000	当 座 預 金 買 掛 金	100,000 100,000
(2)	仕 入	204,000	買 掛 金 現 金	200,000 4,000
(3)	買 掛 金	40,000	仕 入	40,000
(4)	現 金 売 掛 金	200,000 106,000	売 上 現 金	300,000 6,000
(5)	売 掛 金 発 送 費	250,000 6,000	売 上 現 金	250,000 6,000
(6)	売 上	30,000	売 掛 金	30,000

2

	柳津商店	早戸商店	湯ノ花商店	木賊商店
期首商品棚卸高	(1,500)	200	500	610
期末商品棚卸高	300	(1,000)	600	800
総 仕 入 高	4,000	4,800	(5,000)	5,060
仕 入 値 引 高	200	500	400	(120)
総 売 上 高	8,000	5,250	(7,800)	6,480
売 上 返 品 高	1,000	250	300	280
売 上 原 価	(5,000)	3,500	4,500	(4,750)
売 上 総 利 益	3,000	(1,500)	3,000	1,450

3

① 損益	② 265	③ 280	④ 売上	⑤ 265	⑥ 仕入	⑦ 25
⑧ 繰越商品	⑨ 25	⑩ 繰越商品	⑪ 仕入	⑫ 30	⑬ 185	⑭ 225
⑮ 仕入	⑯ 185	⑰ 次期繰越	⑱ 30	⑲ 55		

4

	借 方	金 額	貸 方	金 額
(1)	仕 入	15,000	買 掛 金	15,000
(2)	買 掛 金	3,000	仕 入	3,000
(3)	仕 入	92,000	支 払 手 形 買 掛 金	70,000 22,000

仕 入 帳

平成○年		摘　　　　要	内　訳	金　額
8	1	熱塩商店　　　　　　　掛		
		テニスラケット　10本＠　¥1,500		15,000
	10	熱塩商店　　　　　　　掛返品		
		テニスラケット　2本　＠¥1,500		3,000
	21	日中商店　　　　　　　約手・掛		
		テニスラケット　10本　＠¥1,200	12,000	
		テニスボール　100個　＠¥　800	80,000	92,000
	31	総仕入高		107,000
		仕入戻し高		3,000
		純仕入高		104,000

5

	借 方	金 額	貸 方	金 額
(1)	現　　金 売 掛 金	24,000 10,000	売　　上	34,000
(2)	売 掛 金	16,500	売　　上	16,500
(3)	売　　上	2,500	売 掛 金	2,500
(4)	売　　上	1,500	売 掛 金	1,500

	9月中の純売上高の金額
	¥ 46,500

※ 純売上高＝総売上高(34,000＋16,500)－売上値引・返品高(2,500＋1,500)

6

商品有高帳

(1) 先入先出法　　　ゴルフボール　　　　　　　　　（単位：個）

平成○年		摘要	受入			払出			残高		
			数量	単価	金額	数量	単価	金額	数量	単価	金額
10	1	前月繰越	20	400	8,000				20	400	8,000
	8	仕入	30	500	15,000				30	500	15,000
	12	売上				20	400	8,000			
						10	500	5,000	20	500	10,000
	16	仕入	20	400	8,000				20	400	8,000
	24	売上				20	500	10,000			
						10	400	4,000	10	400	4,000

商品有高帳

(2) 移動平均法　　　ゴルフボール　　　　　　　　　（単位：個）

平成○年		摘要	受入			払出			残高		
			数量	単価	金額	数量	単価	金額	数量	単価	金額
10	1	前月繰越	20	400	8,000				20	400	8,000
	8	仕入	30	500	15,000				50	460	23,000
	12	売上				30	460	13,800	20	460	9,200
	16	仕入	20	400	8,000				40	430	17,200
	24	売上				30	430	12,900	10	430	4,300

(1) 先入先出法　　　　　　　　　　(2) 移動平均法

　　売上高　　（¥　39,000）　　　　売上高　　（¥　39,000）
　　売上原価　（¥　27,000）　　　　売上原価　（¥　26,700）
　　売上総利益（¥　12,000）　　　　売上総利益（¥　12,300）

第4章　商品売買取引

7

日付	借　方	金　額	貸　方	金　額
11／6	仕　　入	31,000	当　座　預　金 泥　湯　商　店	6,000 25,000
12	仕　　入	24,000	飯　坂　商　店 泥　湯　商　店	12,000 12,000
20	泥　湯　商　店	800	仕　　入	800
24	飯　坂　商　店 泥　湯　商　店	10,000 50,000	当　座　預　金	60,000

買　掛　金　元　帳

泥湯商店

平成○年		摘　　要	借　方	貸　方	借/貸	残　高
11	1	前　月　繰　越		25,000	貸	25,000
	6	仕　　入		25,000	〃	50,000
	12	仕　　入		12,000	〃	62,000
	20	値　　引	800		〃	61,200
	24	小切手支払い	50,000		〃	11,200
	30	次　月　繰　越	11,200			
			62,000	62,000		
12	1	前　月　繰　越		11,200	貸	11,200

買　掛　金　明　細　帳

	11月1日	11月30日
飯坂商店	¥　　33,000	¥　　35,000
泥湯商店	25,000	11,200
	¥　　78,000	¥　　46,200

8

	借　　　方	金　　額	貸　　　方	金　　額
(1)	貸 倒 引 当 金	56,000	売　掛　　金	56,000
(2)	貸 倒 引 当 金 貸 倒 損 失	40,000 16,000	売　掛　　金	56,000
(3)	貸 倒 損 失	56,000	売　掛　　金	56,000
(4)	貸倒引当金繰入	10,000	貸 倒 引 当 金	10,000
(5)	貸 倒 引 当 金	2,000	貸倒引当金戻入	2,000
(6)	現　　　　　金	250,000	償却債権取立益	250,000

（岡田　裕之）

第 5 章

有価証券・手形

第 1 節　有価証券の取得

　簿記上の有価証券勘定に含まれるものについては，その所有目的に従って(1)売買目的有価証券，(2)満期保有目的の債券，(3)子会社株式および関連会社株式，(4)その他有価証券，に分類される。ここでは，売買目的有価証券について触れるものとする。

　売買目的有価証券の内容には，時価の変動により利益を得ることを目的として保有する株式および社債その他の債券が含まれる。

　売買目的有価証券を取得したときは，その取得原価を**売買目的有価証券勘定**または**有価証券勘定**の借方に記入する。なお，取得原価には買入価額に買入手数料等の購入に要した諸費用（**付随費用**）なども含める。

有価証券の取得価額＝取得原価＋付随費用

＜売買目的で社債・株式などを取得した場合＞

　　（借）売買目的有価証券　　×××※　　（貸）現　金　な　ど　　×××
　　　※　買入価額＋買入手数料

例題 5 － 1

　次の取引の仕訳を示しなさい。
(1)　売買目的で鬼怒川株式会社の株式2,000株を 1 株につき￥800で購入し，

買入手数料￥20,000とともに現金で支払った。
(2) 売買目的で川治株式会社の社債（額面金額￥1,000,000）を￥100につき￥97で買い入れ，代金は小切手を振り出して支払った。

解　答

(1) （借）売買目的有価証券　1,620,000　　（貸）現　　　　金　1,620,000
(2) （借）売買目的有価証券　　970,000　　（貸）当　座　預　金　　970,000

【解　説】

(1) ￥@800×2,000株＋￥20,000＝￥1,620,000（取得価額）

(2) $¥1,000,000 \times \dfrac{@¥97}{@¥100} = ¥970,000$（取得価額）

精　算　表

勘定科目	試算表		修正記入		損益計算書		貸借対照表	
	借方	貸方	借方	貸方	借方	貸方	借方	貸方
現　　　　金		1,620,000						1,620,000
当　座　預　金		970,000						970,000
売買目的有価証券	2,590,000						2,590,000	

第2節　有価証券の売却

売買目的有価証券を売却したときは，その帳簿価額を**売買目的有価証券勘定**に記入し，帳簿価額と売却価額との差額は**有価証券売却益勘定**または**有価証券売却損勘定**に記入する。

＜売買目的有価証券を売却した場合＞

売却額＞帳簿価額の場合

　　（借）現　金　な　ど　×××　　（貸）売買目的有価証券　×××
　　　　　　　　　　　　　　　　　　　　有価証券売却益　　　×××

売却額＜帳簿価額の場合

　　（借）現　金　な　ど　×××　　（貸）売買目的有価証券　×××
　　　　　有価証券売却損　×××

例題 5 － 2

次の取引の仕訳を示しなさい。
(1) **例題 5 － 1** の鬼怒川株式会社の株式1,000株を1株あたり￥700で売却し，手取金￥700,000は当座預金とした。
(2) **例題 5 － 1** の川治株式会社の社債を@￥98で売却し，代金は月末に受け取ることにした。

解　答

(1) （借）当　座　預　金　700,000　　（貸）売買目的有価証券　810,000
　　　　　有価証券売却損　110,000
(2) （借）未　　収　　金　980,000　　（貸）売買目的有価証券　970,000
　　　　　　　　　　　　　　　　　　　　　有価証券売却益　　　10,000

【解　説】

(1) $¥700,000 - ¥1,620,000 \times \dfrac{1,000株}{2,000株} = (-)¥110,000$

(2) ¥1,000,000 × $\frac{¥98}{¥100}$ − ¥970,000 =（+）¥10,000

精 算 表

勘定科目	試算表		修正記入		損益計算書		貸借対照表	
	借方	貸方	借方	貸方	借方	貸方	借方	貸方
当 座 預 金	700,000						700,000	
未 収 金	980,000						980,000	
売買目的有価証券		1,780,000						1,780,000
有価証券売却益		10,000				10,000		
有価証券売却損	110,000				110,000			

第5章　有価証券・手形

第3節　配当・利息などの受取り

　有価証券のうち株式を所有しているときは配当金，公債や社債を所有しているときは利息を受け取ることができる。株式の配当金を受け取ったときは**受取配当金勘定**（収益の勘定），公債や社債の利息を受け取ったときは**有価証券利息勘定**または**受取利息勘定**の貸方に記入する。

＜配当の受取り時の仕訳＞

　　（借）現　　　　金　×××　　（貸）受 取 配 当 金　×××

＜公社債等の利息の受取り時の仕訳＞

　　（借）現　　　　金　×××　　（貸）有 価 証 券 利 息　×××

例題 5 － 3

　次の取引の仕訳を示しなさい。
(1) 大田原株式会社の株式2,000株を売買目的で所有していたところ，本日￥5,000の配当金領収書が送られてきた。
(2) 売買目的で国債額面￥1,000,000を額面￥100円につき＠￥98で購入し，代金は小切手を振り出して支払った。
(3) 上記国債の利率は年9％であり，利払日となったので利札を当座預金に預け入れた。なお，利払日は年2回である。

【解　答】

(1)　（借）現　　　　金　　 5,000　　（貸）受 取 配 当 金　　 5,000
(2)　（借）売買目的有価証券　980,000　（貸）当 座 預 金　980,000
(3)　（借）当 座 預 金　　45,000　　（貸）有 価 証 券 利 息　45,000

【解　説】

(3) 国債の利息の計算　$¥1,000,000 \times 0.09 \times \dfrac{6 カ月}{12 カ月} = ¥45,000$

精　算　表

勘定科目	試算表		修正記入		損益計算書		貸借対照表	
	借方	貸方	借方	貸方	借方	貸方	借方	貸方
現　　　金	5,000						5,000	
当 座 預 金		935,000						935,000
売買目的有価証券	980,000						980,000	
受 取 配 当 金		5,000				5,000		
有 価 証 券 利 息		45,000				45,000		

第4節　有価証券の評価

　証券市場で流通している有価証券の市場価格は絶えず変動している。このため決算期末に有価証券の評価額を決定する必要がある。

　決算に際しての有価証券の評価は，決算時の時価で評価する。この方法を**時価法**という。時価法では，時価が帳簿価額よりも下落したときは，帳簿価額を時価まで引き下げなければならない。この引き下げにより生じた損失を**有価証券評価損勘定**（費用の勘定）の借方に記入し，売買目的有価証券勘定の貸方に同額を記入して帳簿価額を時価まで減額する。また，時価が帳簿価額を上回った場合には，その差額を**有価証券評価益勘定**（収益の勘定）の貸方に記入し，同額を売買目的有価証券勘定の借方に記入して帳簿価額を時価まで増額する。このように決算に際して有価証券の帳簿価額を変更することを**有価証券の評価替え**という。

例題5－4

　次の取引の仕訳を示しなさい。
　決算にあたり，売買目的で保有している大洗株式会社の株式10株（帳簿価額@¥90,000）を，1株につき¥70,000に評価替えする。

解　答

（借）有価証券評価損　200,000　　（貸）売買目的有価証券　200,000

精　算　表

勘定科目	試算表		修正記入		損益計算書		貸借対照表	
	借方	貸方	借方	貸方	借方	貸方	借方	貸方
売買目的有価証券				200,000				200,000
有価証券評価損			200,000		200,000			

第5節　手　　　形

　商品の仕入代金の支払いや，売上代金を回収するための手段として，現金や小切手の他に手形が用いられることがある。手形には**約束手形**と**為替手形**の2種類がある。

　簿記では，これらの手形の振出しにともなって生じる債権（手形金額を受け取る権利）を**受取手形勘定**（資産の勘定）で，手形の振出しなどにともなって生じる債務（手形金額を支払う義務）を**支払手形勘定**（負債の勘定）で処理する。

◆1　約束手形の記帳

　約束手形とは**振出人**が**名宛人**（受取人）に対して，一定の期日に手形金額を支払う旨を約束した証券である。したがって約束手形を振り出したとき，振出人には手形債務が発生するため，支払手形勘定の貸方に記入する。名宛人には手形債権が発生するので，受取手形勘定の借方に記入する。

　その後，手形の支払期日（満期日）が到来すると，名宛人は振出人から手形代金を取立てることになるが，この取立ては一般に銀行を通じて行われる。期日に手形金額が決済されたとき，手形債権・手形債務がそれぞれ消滅するので，名宛人は受取手形勘定の貸方に，振出人は支払手形勘定の借方に記入する。

約束手形の仕組み

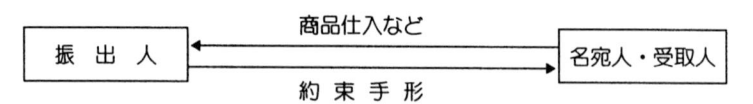

```
                    商品仕入など
 ┌─────────┐  ←──────────────  ┌─────────────┐
 │ 振 出 人 │                      │ 名宛人・受取人 │
 └─────────┘  ──────────────→  └─────────────┘
                    約 束 手 形
```

【振出人】
　①　約束手形の振出し時の仕訳
　　　（借）仕　入　な　ど　×××　　（貸）支　払　手　形　×××
　②　支払日に手形金額を支払ったときの仕訳
　　　（借）支　払　手　形　×××　　（貸）現　金　な　ど　×××

【受取人】

③ 約束手形を受け取ったときの仕訳

　　(借)受 取 手 形　×××　　(貸)売 上 な ど　×××

④ 期日に決済され，手形金額を受け取ったときの仕訳

　　(借)現 金 な ど　×××　　(貸)受 取 手 形　×××

例題 5－5

次の取引の仕訳をそれぞれ示しなさい。

(1) 馬頭商店は得意先より商品¥300,000を仕入れ，代金として約束手形¥300,000を振り出して支払った。

(2) 馬頭商店は，かねて取立てを依頼しておいた約束手形¥300,000が当座預金に入金された旨を取引銀行から通知を受けた。

解　答

(1) (借)仕　　　　入　300,000　　(貸)支 払 手 形　300,000
(2) (借)当 座 預 金　300,000　　(貸)受 取 手 形　300,000

精　算　表

勘定科目	試算表		修正記入		損益計算書		貸借対照表	
	借方	貸方	借方	貸方	借方	貸方	借方	貸方
当座預金	300,000						300,000	
受取手形		300,000						300,000
支払手形		300,000						300,000
仕　　入	300,000				300,000			

◆2　為替手形の記帳

為替手形は**振出人**が**名宛人**（支払人）に対して，一定の期日に手形金額を**受取人**に支払う旨を依頼した証券である。

為替手形は，手形代金の支払いを振出人が名宛人に依頼した証券であるから，振出人は名宛人に対して売掛金などの一定の債権を有している場合に用いられる。

　また，為替手形の受取人はこれを名宛人に呈示して引受けを求めるが，実際には，事前に振出人が名宛人の引受けを求めてから，受取人に振り出すのが普通である。なお，名宛人は引受けをすることにより引受人になるとともに支払人となる。

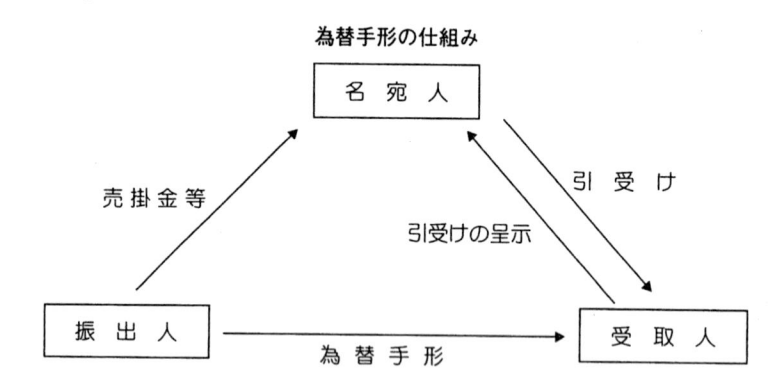

為替手形の仕組み

```
              名 宛 人
             ↗       ↖
     売掛金等         引受け
           ↗  引受けの呈示  ↖
       ↗  ←──────────→  ↖
   振 出 人 ──── 為替手形 ──→ 受 取 人
```

【為替手形を振り出したときの仕訳】
＜振出人＞
　　（借）仕　入　な　ど　　×××　　（貸）売　掛　金　　×××
＜受取人＞
　　（借）受　取　手　形　　×××　　（貸）売　上　な　ど　×××
＜名宛人＞
　　（借）買　掛　金　　　　×××　　（貸）支　払　手　形　×××

【期日に手形金額が支払われたときの仕訳】
＜受取人＞
　　（借）当　座　預　金　　×××　　（貸）受　取　手　形　×××
＜名宛人＞
　　（借）支　払　手　形　　×××　　（貸）当　座　預　金　×××

第5章 有価証券・手形

> **例題 5－6**
>
> 次の取引の仕訳を，塩原商店，月居商店，益子商店のそれぞれについて示しなさい。
>
> (1) 塩原商店は，益子商店から商品¥300,000を仕入れ，代金は売掛金のある得意先月居商店宛の為替手形＃10（振出日：6月10日，支払期日：8月10日，支払場所：月居銀行本店）¥300,000を振り出し，月居商店の引受けを得て，益子商店に渡した。
>
> (2) 益子商店は，かねて取立てを依頼しておいた塩原商店振出しの為替手形¥300,000を当座預金に入金した旨，取引銀行から通知を受けた。

解 答

(1) 塩原商店
　　（借）仕　　　　入　300,000　　（貸）売　掛　金　300,000
　　月居商店
　　（借）買　掛　金　300,000　　（貸）支　払　手　形　300,000
　　益子商店
　　（借）受　取　手　形　300,000　　（貸）売　　　　上　300,000

(2) 塩原商店　仕訳なし
　　月居商店
　　（借）支　払　手　形　300,000　　（貸）当　座　預　金　300,000
　　益子商店
　　（借）当　座　預　金　300,000　　（貸）受　取　手　形　300,000

塩原商店
精　算　表

勘定科目	試算表		修正記入		損益計算書		貸借対照表	
	借方	貸方	借方	貸方	借方	貸方	借方	貸方
売　掛　金		300,000						300,000
仕　　　入	300,000				300,000			

月居商店　　　　　　　精　算　表

勘定科目	試算表		修正記入		損益計算書		貸借対照表	
	借方	貸方	借方	貸方	借方	貸方	借方	貸方
当座預金		300,000						300,000
買掛金	300,000						300,000	

益子商店　　　　　　　精　算　表

勘定科目	試算表		修正記入		損益計算書		貸借対照表	
	借方	貸方	借方	貸方	借方	貸方	借方	貸方
当座預金	300,000						300,000	
売上		300,000				300,000		

◆3　手形の裏書きと売却

受け入れた約束手形や為替手形は，満期日到来前に仕入代金の支払いや債務の弁済のために，取引相手にその手形を譲渡することができる。これを**裏書譲渡**という。

手形を裏書譲渡したときは，手形債権が消滅するので**受取手形勘定の貸方**に記入する。

【裏書譲渡したときの仕訳】
　　（借）仕　入　な　ど　×××　　（貸）受　取　手　形　×××
【裏書譲り受けしたときの仕訳】
　　（借）受　取　手　形　×××　　（貸）売　上　な　ど　×××

例題5－7

次の取引の仕訳を，喜連川商店，湯西川商店のそれぞれについて示しなさい。

6／10 喜連川商店は，湯西川商店から商品¥400,000を仕入れ，代金のうち¥300,000については，先に受け取った大洗商店振出しの為替手形#10（振出日：6月5日，支払期日：8月5日，支払場所：中郷銀行本店）を裏書譲渡し，残額は掛とした。

解 答

喜連川商店
　（借）仕　　　　入　400,000　（貸）受　取　手　形　300,000
　　　　　　　　　　　　　　　　　　買　　掛　　金　100,000

湯西川商店
　（借）受　取　手　形　300,000　（貸）売　　　　上　400,000
　　　売　　掛　　金　100,000

喜連川商店　　　　　　　　精　算　表

勘定科目	試算表		修正記入		損益計算書		貸借対照表	
	借方	貸方	借方	貸方	借方	貸方	借方	貸方
受取手形		300,000						300,000
買掛金		100,000						100,000
仕　入	400,000				400,000			

湯西川商店　　　　　　　　精　算　表

勘定科目	試算表		修正記入		損益計算書		貸借対照表	
	借方	貸方	借方	貸方	借方	貸方	借方	貸方
売掛金	100,000						100,000	
受取手形	300,000						300,000	
売　上		400,000				400,000		

　資金の融通を受けるために，手形を満期日到来前に金融機関などに売却し換金することがある。このような手形の換金を**手形の割引**といい，裏書という手

続きを要するので「手形の裏書」の一形態となる。

手形を売却したときは、裏書と同じように手形債権が消滅するため受取手形勘定の貸方に手形金額を記入し、手形金額と受領額との差額は**手形売却損勘定**（費用）の借方に記入する。

例題 5 – 8

次の取引の仕訳を示しなさい。

真岡井商店は10月2日、端竜商店より受け取った約束手形￥800,000を取引銀行に売却し、手取金￥750,000は当座預金とした。

解　答

（借）当 座 預 金　750,000　（貸）受 取 手 形　800,000
　　　手 形 売 却 損　 50,000

精　算　表

勘定科目	試算表		修正記入		損益計算書		貸借対照表	
	借方	貸方	借方	貸方	借方	貸方	借方	貸方
当 座 預 金	750,000						750,000	
受 取 手 形		800,000						800,000
手 形 売 却 損	50,000				50,000			

◆4　受取手形記入帳と支払手形記入帳

手形債権と手形債務の発生と消滅についての明細を記録するために、補助簿として**受取手形記入帳**と**支払手形記入帳**が用いられる。

受取手形記入帳は、手形債権が発生したとき、その明細（手形の種類、手形番号、支払人、振出人、裏書人の名称など）を発生順に記入する。てん末欄には、手形債権・手形債務が消滅したとき、その原因を摘要欄に記入する。

そして、支払手形記入帳には、手形債権が発生または消滅したとき、その明

細を受取手形記入帳の記録と同様に記入を行う。

受取手形記入帳

平成○年		摘要	金額	手形種類	手形番号	支払人	振出人または裏書人	振出日		満期日		支払場所	てん末		
								月	日	月	日		月	日	摘要
10	7	売上	300,000	為	1	A商店	B商店	10	7	11	7	C銀行	11	7	入金

支払手形記入帳

平成○年		摘要	金額	手形種類	手形番号	受取人	振出人	振出日		満期日		支払場所	てん末		
								月	日	月	日		月	日	摘要
10	7	仕入	300,000	約	3	D商店	E商店	10	7	11	7	F銀行	11	7	支払

◆5　金融手形の記帳

　手形が商品売買取引のために用いられる代金決済証券であるのに対し，商品売買取引以外の目的で手形が授受される場合がある。たとえば，金銭の貸借にあたって手形が振り出されることがある。このような金融のために授受される手形を金融手形という。

　金融手形は，商品売買取引の裏付けが存在しないものであるため，受取手形や支払手形勘定は用いず，**手形貸付金勘定**（資産の勘定）または**手形借入金勘定**（負債の勘定）で処理する。

例題5－9

　次の取引の仕訳を，大子商店，川俣商店のそれぞれについて示しなさい。
　大子商店は川俣商店に¥600,000を貸し付け，同額の約束手形を受け取った。なお，利息¥5,000を差し引いた残額を小切手を振り出して渡した。

解　答

大子商店

（借）手形貸付金　600,000　　（貸）当　座　預　金　595,000
　　　　　　　　　　　　　　　　　　受　取　利　息　　5,000

川俣商店

（借）現　　　　金　595,000　　（貸）手形借入金　600,000
　　　支　払　利　息　　5,000

大子商店　　　　　　　**精　算　表**

勘定科目	試算表		修正記入		損益計算書		貸借対照表	
	借方	貸方	借方	貸方	借方	貸方	借方	貸方
当座預金		595,000						595,000
手形貸付金	600,000						600,000	
受取利息		5,000				5,000		

川俣商店　　　　　　　**精　算　表**

勘定科目	試算表		修正記入		損益計算書		貸借対照表	
	借方	貸方	借方	貸方	借方	貸方	借方	貸方
現　　金	595,000						595,000	
手形借入金		600,000						600,000
支払利息	5,000				5,000			

❖ 練習問題 4 ❖

次の取引を仕訳しなさい。

(1) 当期に売買目的で額面¥100につき¥97.50で買い入れた鬼怒川株式会社の社債のうち，額面総額¥1,000,000を額面¥100につき¥99.00で売却し，代金は月末に受け取ることにした。　　　　　　　　（日商3級第110回改題）

(2) 川治商店から商品¥500,000を仕入れ，代金のうち¥250,000については得意先益子商店振出し，鬼怒川商店あての為替手形を裏書譲渡し，残額については，かねてより売掛金のある得意先鬼怒川商店あての為替手形を同店の引受けを得て振り出した。　　　　　　　　（日商3級第110回改題）

(3) 得意先塩原商店に対する売掛金¥600,000を回収し，そのうち¥400,000は塩原商店の得意先である大田原商店が振り出した約束手形で受け取り，残額は当座預金口座に振り込まれた。　　　　　　　　（日商3級第111回改題）

解　答

(1) （借）未　収　金　990,000　（貸）売買目的有価証券　975,000
　　　　　　　　　　　　　　　　　　有価証券売却益　　 15,000
(2) （借）仕　　　　入　500,000　（貸）受　取　手　形　250,000
　　　　　　　　　　　　　　　　　　売　　掛　　金　250,000
(3) （借）受　取　手　形　400,000　（貸）売　　掛　　金　600,000
　　　　当　座　預　金　200,000

精　算　表

勘定科目	試算表		修正記入		損益計算書		貸借対照表	
	借方	貸方	借方	貸方	借方	貸方	借方	貸方
当　座　預　金	200,000						200,000	
売　　掛　　金		850,000						850,000
受　取　手　形	150,000						150,000	
未　　収　　金	990,000						990,000	
売買目的有価証券		975,000						975,000
仕　　　　　入	500,000				500,000			
有価証券売却益		15,000				15,000		

（山﨑　敦俊）

第6章

固 定 資 産

　固定資産とは，企業が長期にわたって使用または利用するために所有している資産である。固定資産は，有形固定資産，無形固定資産，投資等（投資その他の資産）に分類される。

　有形固定資産には，建物（建物付属設備を含む），備品，車両運搬具，機械および装置，土地などの資産がある。

第1節　有形固定資産の概要

◆1　有形固定資産の種類と取得価額

　①　建　　　物：事務所・倉庫・店舗等

　建物を購入（新築）したときは，**建物勘定**の借方に取得した価額（仲介手数料，登記料等を含む）で記入する。

　②　備　　　品：事務所机・椅子・金庫等

　備品を購入したときは，**備品勘定**の借方に取得した価額（据付費等を含む）で記入する。備品については，耐用年数が1年未満または取得原価が少額のものについては，消耗品勘定として処理することができることに留意する。

　③　車両運搬具：乗用車・トラック等

　車両運搬具を購入したときは，**車両運搬具勘定**の借方に取得した価額（登録手数料等を含む）で記入する。

　④　機 械 装 置：工作機械等

　機械装置を購入したときは，**機械装置勘定**の借方に取得した価額（据付費等

を含む）で記入する。

⑤　土　　　地：事務所・倉庫・店舗などの敷地

　土地を購入したときは，**土地勘定**の借方に取得した価額（仲介手数料等を含む）で記入する。

◆2　取得価額と付随費用

　有形固定資産を購入した場合には，その購入金額については，企業がその資産を使用できるまでにかかる金額（取得原価）とし，購入代価の他に売買手数料などの付随費用を含めることとなる。

　　取得原価＝購入代価＋付随費用（登記料，仲介手数料，売買手数料など）

【仕訳例】
　山代商事から店舗用の建物を￥5,000,000で購入し，購入代価は小切手を振り出して支払い，購入にあたっての登記料，仲介手数料の合計額￥250,000は現金で支払った。

　（借）建　　　　物　5,250,000　　（貸）当　座　預　金　5,000,000
　　　　　　　　　　　　　　　　　　　　現　　　　　　金　　　250,000

精　算　表

勘定科目	試算表		修正記入		損益計算書		貸借対照表	
	借方	貸方	借方	貸方	借方	貸方	借方	貸方
現　　　　金		250,000						250,000
当 座 預 金		5,000,000						5,000,000
建　　　　物	5,250,000						5,250,000	

◆3　修繕費と資本的支出

　有形固定資産に対して金銭を支出する場合，その有形固定資産に対する通常の修理・保守のための支出は**修繕費勘定**（費用）の借方に記入して処理する。

また，その支出により有形固定資産の価値が増加し耐用年数が延長されるときは，その支出額は取得原価に含めなければならない。このような支出は**資本的支出**という。

たとえば，店舗用建物について通常要する修理・保守のための支出は，店舗用建物の価値の増加および耐用年数の延長もともなわないため修繕費勘定で処理することとなる。他方，店舗用建物の増築や改築が行われた場合，その店舗用建物の資産価値の増加または耐用年数の延長をともなうので，その支出は資本的支出となり建物勘定の借方に含めて計算することとなる。

【仕訳例】

店舗用建物の破損箇所が見つかり，その箇所を修繕するためにかかった費用￥50,000は小切手を振り出して支払った。

（借）修　繕　費　50,000　　（貸）当　座　預　金　50,000

【仕訳例】

店舗用建物の老朽化に伴って，店舗改装工事を行いその費用￥3,500,000に対し小切手を振り出して支払った。

（借）建　　　　物　3,500,000　　（貸）当　座　預　金　3,500,000

精　算　表

勘定科目	試算表		修正記入		損益計算書		貸借対照表	
	借方	貸方	借方	貸方	借方	貸方	借方	貸方
当座預金		50,000						50,000
修繕費	50,000				50,000			

精　算　表

勘定科目	試算表		修正記入		損益計算書		貸借対照表	
	借方	貸方	借方	貸方	借方	貸方	借方	貸方
当座預金		3,500,000						3,500,000
建物	3,500,000						3,500,000	

【有形固定資産の購入取引等】

例題6－1

次の取引を仕訳しなさい。

(1) 和倉事務機から金庫￥350,000を購入し、金庫の据付費￥20,000を併せて、小切手を振り出して支払った。

(2) 佐渡自動車から業務用の自動車を購入し、車両価格￥300,000と付随費用￥20,000のうち半分は現金で支払い、残りは翌月に支払うようにした。

【解 答】

(1) （借）備　　　　品　370,000　（貸）当　座　預　金　370,000

精　算　表

勘定科目	試算表		修正記入		損益計算書		貸借対照表	
	借方	貸方	借方	貸方	借方	貸方	借方	貸方
当座預金		370,000						370,000
備　品	370,000						370,000	

(2) （借）車 両 運 搬 具　320,000　（貸）現　　　　　金　160,000
　　　　　　　　　　　　　　　　　　　　未　払　金　160,000

【解　説】

有形固定資産の購入価額に付随費用を含めて処理することに留意する。

精　算　表

勘定科目	試算表		修正記入		損益計算書		貸借対照表	
	借方	貸方	借方	貸方	借方	貸方	借方	貸方
現　　金		160,000						160,000
車両運搬具	320,000						320,000	
未払金		160,000						160,000

第6章 固定資産

> **例題6-2**
> 次の取引を仕訳しなさい。
> (1) 秋津建設に倉庫の増築工事代¥6,000,000を半分は小切手を振り出して支払い，残りの半分は現金で支払った。
> (2) 事務所の壁が破損したため，修繕費用として¥60,000を現金で支払った。

解 答

(1) （借）建　　物　6,000,000　　（貸）当 座 預 金　3,000,000
　　　　　　　　　　　　　　　　　　　現　　　金　3,000,000

精 算 表

勘定科目	試算表 借方	試算表 貸方	修正記入 借方	修正記入 貸方	損益計算書 借方	損益計算書 貸方	貸借対照表 借方	貸借対照表 貸方
現　　金		3,000,000						3,000,000
当座預金		3,000,000						3,000,000
建　　物	6,000,000						6,000,000	

(2) （借）修　繕　費　60,000　　（貸）現　　　金　60,000

【解 説】

増築や改築などの資本的支出の場合は，建物勘定で処理する。破損箇所などの修繕費用は修繕費で処理することに留意する。

精 算 表

勘定科目	試算表 借方	試算表 貸方	修正記入 借方	修正記入 貸方	損益計算書 借方	損益計算書 貸方	貸借対照表 借方	貸借対照表 貸方
現　　金		60,000						60,000
修 繕 費	60,000				60,000			

第2節　有形固定資産の減価償却方法

◆1　減価償却の概要

　有形固定資産のうち，建物，備品，車両運搬具（土地を除く）等は使用または時の経過により，その価値が減少（これを減価という）していくこととなる。
　その価値の減少分は，有形固定資産を使用する会計期間に費用として配分していく必要があり，その手続きを**減価償却**といい，減価分に相当する金額すなわち減価償却額を**減価償却費**という。

◆2　減価償却の計算方法

　減価償却の計算方法には，定額法，定率法，級数法，生産高比例法などさまざまな方法があるが，ここでは**定額法**だけを説明する。
　定額法とは，有形固定資産の耐用年数の期間中において，毎期一定額の減価償却費を計上する方法であり，一般に次の算式で計算する。

$$減価償却費 = \frac{取得原価 - 残存価額}{耐用年数}$$

① 取得原価：有形固定資産の購入価額と付随費用の合計額
② 耐用年数：有形固定資産の使用可能な見積年数
③ 残存価額：有形固定資産が耐用年数を経過したときの見積処分価額で，一般に10％とされている。

【計算例】
　備品￥500,000と据付費￥20,000を，残存価額は10％，耐用年数6年として，定額法によって減価償却費を求めなさい。

取得原価：（備品）￥500,000＋（据付費）￥20,000＝￥520,000
残存価額：￥520,000×10％＝￥52,000
耐用年数：6年

$$（減価償却費）￥78,000 = \frac{（取得原価）￥520,000 - （残存価額）￥52,000}{（耐用年数）6年}$$

第6章　固定資産

◆3　減価償却の記帳方法

減価償却の記帳方法には，**直接法**と**間接法**の2つの方法がある。

(1) 直　接　法

有形固定資産の減価償却額を減価償却費（費用）の借方に記入と有形固定資産勘定の貸方に記入する方法である。この方法では，有形固定資産の帳簿価額から直接減額されることとなる。

　　（借）減 価 償 却 費　　×××　　　（貸）有形固定資産勘定　　×××

【仕訳例】

備品の今期の減価償却費¥60,000を直接法によって仕訳しなさい。

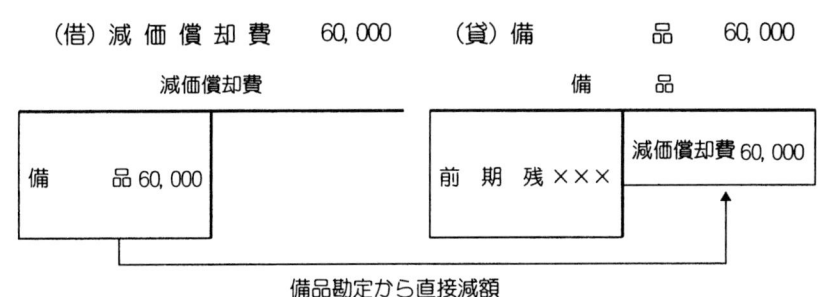

　　（借）減 価 償 却 費　　60,000　　（貸）備　　　　品　　60,000

```
      減価償却費                    備　　品
┌─────────────┐      ┌─────────────┬─────────────┐
│備　品 60,000│      │前 期 残 ×××│減価償却費 60,000│
└─────────────┘      └─────────────┴─────────────┘
                              ↑
        └─────────────────────┘
              備品勘定から直接減額
```

精　算　表

勘定科目	試算表		修正記入		損益計算書		貸借対照表	
	借方	貸方	借方	貸方	借方	貸方	借方	貸方
備　　品		×××						×××
減価償却費	×××				×××			

(2) 間　接　法

有形固定資産の減価償却額を減価償却費（費用）の借方に記入と**減価償却累計額勘定**の貸方に記入する方法である。この方法では，有形固定資産の帳簿価額から直接減額されずに，減価償却累計額勘定を用いることとなる。

（借）減 価 償 却 費　×××　　（貸）減価償却累計額勘定　×××

【仕訳例】

備品の今期の減価償却費￥60,000を間接法によって仕訳しなさい。

　　（借）減 価 償 却 費　60,000　　（貸）減価償却累計額　60,000

```
      減価償却費                      減価償却累計額
┌──────────────┬──────┐      ┌──────┬──────────────┐
│ 減価償却累計額 │      │      │      │ 前 期 残 ××× │
│    60,000     │      │      │      ├──────────────┤
│               │      │      │      │ 減価償却費 60,000│
└──────────────┴──────┘      └──────┴──────────────┘
```

減価償却累計額勘定に記入

精　算　表

勘定科目	試算表		修正記入		損益計算書		貸借対照表	
	借方	貸方	借方	貸方	借方	貸方	借方	貸方
減価償却累計額		×××						×××
減価償却費	×××				×××			

例題6−3

次の取引を仕訳しなさい。

(1) 決算にあたって，当期首に取得した車両（取得原価￥600,000，残存価額は10％，耐用年数6年）について定額法により減価償却を行ったときの仕訳を示しなさい（直接法によること）。

(2) 決算にあたって，当期首に取得した備品（取得原価￥500,000，残存価額は10％，耐用年数10年）について定額法により減価償却を行ったときの仕訳を示しなさい（間接法によること）。

解　答

(1) 取得原価：(車両運搬具)￥600,000

残存価額：¥600,000×10％＝¥60,000

耐用年数：6年

(減価償却費)¥90,000＝$\frac{(取得原価)¥600,000-(残存価額)¥60,000}{(耐用年数)6年}$

(借)減 価 償 却 費　90,000　　(貸)車 両 運 搬 具　90,000

精　算　表

勘定科目	試算表		修正記入		損益計算書		貸借対照表	
	借方	貸方	借方	貸方	借方	貸方	借方	貸方
車両運搬具		90,000						90,000
減価償却費	90,000				90,000			

(2) 取得原価：(備品)¥500,000

残存価額：¥500,000×10％＝¥50,000

耐用年数：10年

(減価償却費)¥45,000＝$\frac{(取得原価)¥500,000-(残存価額)¥50,000}{(耐用年数)10年}$

(借)減 価 償 却 費　45,000　　(貸)減価償却累計額　45,000

＊　貸方の「減価償却累計額」は「備品減価償却累計額」としてもよい。

精　算　表

勘定科目	試算表		修正記入		損益計算書		貸借対照表	
	借方	貸方	借方	貸方	借方	貸方	借方	貸方
減価償却累計額		45,000						45,000
減価償却費	45,000				45,000			

第3節　有形固定資産の売却

◆1　有形固定資産売却益

　有形固定資産が不用になり，有形固定資産を売却することがある。その売却によって，売却価額と帳簿価額を比較して売却損益を計算することとなる。
　売却価額が帳簿価額より高い場合には，有形固定資産勘定の貸方に帳簿価額を記入してさらに**固定資産売却益勘定**(収益)を用いて貸方に売却価額と帳簿価額との差額を記入する。

*　帳簿価額＝取得原価－減価償却累計額（既償却額）

```
【売却価額＞帳簿価額】
〔直接法で記帳している場合〕
  (借) 諸 資 産　　×××    (貸) 有形固定資産　×××←帳簿価額を記入
                              固定資産売却益　×××←帳簿価額と売却
                                              価額との差額を
                                              記入

〔間接法で記帳している場合〕
  (借) 諸 資 産　　×××    (貸) 有形固定資産　×××←取得原価を記入
  (借) 減価償却累計額　×××    (貸) 固定資産売却益　×××←帳簿価額と売却
                                              価額との差額を
                                              記入
```

【仕訳例】
　帳簿価額¥300,000の車両運搬具が不用になったため，¥350,000で売却し代金は現金で受け取った。

第6章　固定資産

〔直接法で記帳している場合〕

(借) 現　　　金　350,000　　(貸) 車 両 運 搬 具　300,000
　　　　　　　　　　　　　　　　　固定資産売却益　 50,000

```
       車両運搬具                          固定資産売却益
┌──────────┬──────────┐          ┌──────────┬──────────┐
│前期残×××│現　金 300,000│          │          │現　金 50,000│
└──────────┴──────────┘          └──────────┴──────────┘
                ↑                                  ↑
          帳簿価額を記入                  帳簿価額と売却価額
                                          との差額
```

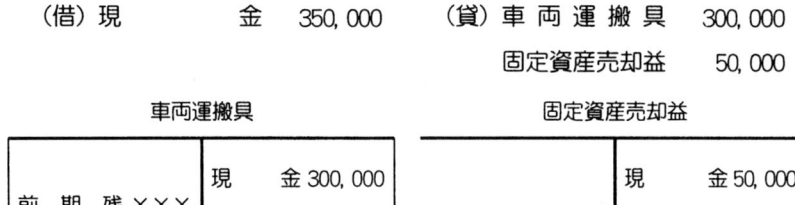

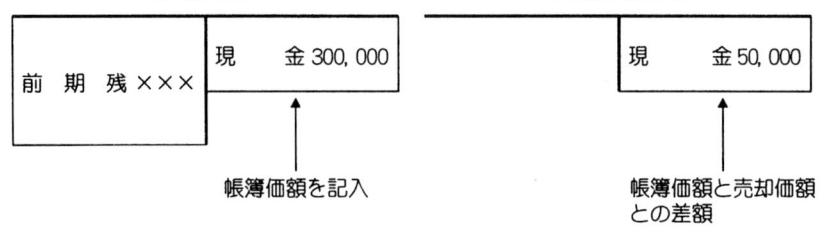

精　算　表

勘定科目	試算表		修正記入		損益計算書		貸借対照表	
	借方	貸方	借方	貸方	借方	貸方	借方	貸方
現　　　金	350,000						350,000	
車両運搬具		300,000						300,000
固定資産売却益		50,000				50,000		

　車両¥300,000（取得原価¥500,000，減価償却累計額¥200,000）が不用になったため，¥350,000で売却し代金は現金で受け取った。

〔間接法で記帳している場合〕

(借) 現　　　金　　　350,000　　(貸) 車 両 運 搬 具　500,000
　　　減価償却累計額　200,000　　　　 固定資産売却益　 50,000

```
       車両運搬具                          固定資産売却益
┌──────────┬──────────┐          ┌──────────┬──────────┐
│前期残500,000│現　金 350,000│          │          │現　金 50,000│
│          │減価償却累計額│          │          │          │
│          │    200,000│          │          │          │
└──────────┴──────────┘          └──────────┴──────────┘
                ↑                                  ↑
          取得価額を記入                  帳簿価額と売却価額
                                          との差額
```

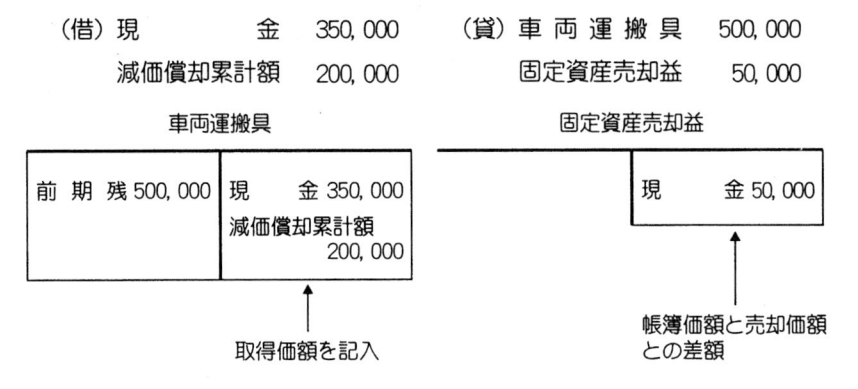

精算表

勘定科目	試算表 借方	試算表 貸方	修正記入 借方	修正記入 貸方	損益計算書 借方	損益計算書 貸方	貸借対照表 借方	貸借対照表 貸方
現　　　　金	350,000						350,000	
車両運搬具		500,000						500,000
減価償却累計額	200,000						200,000	
固定資産売却益		50,000				50,000		

◆2　有形固定資産売却損

　売却価額が帳簿価額より低い場合には有形固定資産勘定の貸方に帳簿価額を記入して，さらに**固定資産売却損勘定**（費用）を用いて借方に売却価額と帳簿価額との差額を記入する。

【売却価額＜帳簿価額】

〔直接法で記帳している場合〕

　（借）諸　　資　　産　×××　（貸）有形固定資産　×××←帳簿価額を記入
　　　　固定資産売却損　×××←帳簿価額と売却価額との差額を記入

〔間接法で記帳している場合〕

　（借）諸　　資　　産　×××　（貸）有形固定資産　×××←取得価額を記入
　　　　減価償却累計額　×××
　　　　固定資産売却損　×××←帳簿価額と売却価額との差額を記入

【仕訳例】

　帳簿価額¥300,000の車両運搬具が不用になったため，¥250,000で売却し代金は現金で受け取った。

第6章 固定資産

〔直接法で記帳している場合〕

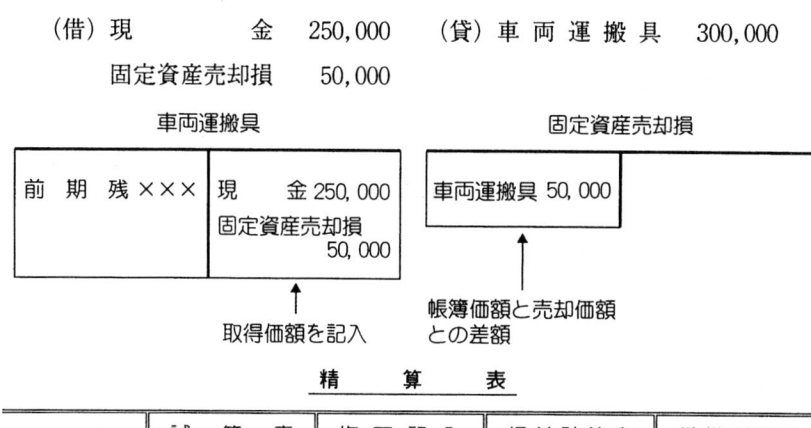

(借)現　　　　金　250,000　　(貸)車両運搬具　300,000
　　　固定資産売却損　50,000

```
         車両運搬具                    固定資産売却損
┌─────────┬─────────────┐    ┌──────────────────┐
│前期残×××│現　　金 250,000│    │車両運搬具 50,000 │
│         │固定資産売却損   │    │                  │
│         │         50,000 │    │                  │
└─────────┴─────────────┘    └──────────────────┘
         ↑                              ↑
    取得価額を記入              帳簿価額と売却価額
                                との差額
```

精　算　表

勘定科目	試算表		修正記入		損益計算書		貸借対照表	
	借方	貸方	借方	貸方	借方	貸方	借方	貸方
現　　金	250,000						250,000	
車両運搬具		300,000						300,000
固定資産売却損	50,000				50,000			

　車両¥300,000（取得原価¥500,000, 減価償却累計額¥200,000）が不用になったため, ¥250,000で売却し代金は現金で受け取った。

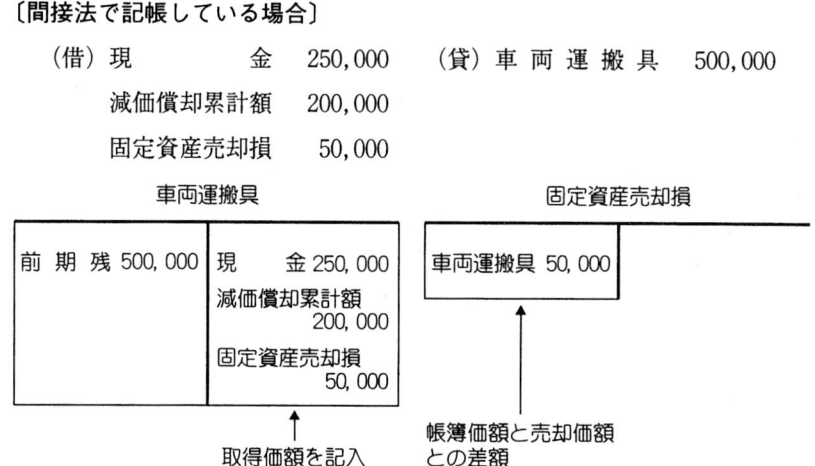

〔間接法で記帳している場合〕

(借)現　　　　金　250,000　　(貸)車両運搬具　500,000
　　　減価償却累計額　200,000
　　　固定資産売却損　 50,000

```
         車両運搬具                    固定資産売却損
┌──────────────┬─────────────┐    ┌──────────────────┐
│前期残 500,000│現　　金 250,000│    │車両運搬具 50,000 │
│              │減価償却累計額   │    │                  │
│              │        200,000 │    │                  │
│              │固定資産売却損   │    │                  │
│              │         50,000 │    │                  │
└──────────────┴─────────────┘    └──────────────────┘
              ↑                              ↑
         取得価額を記入              帳簿価額と売却価額
                                     との差額
```

精算表

勘定科目	試算表 借方	試算表 貸方	修正記入 借方	修正記入 貸方	損益計算書 借方	損益計算書 貸方	貸借対照表 借方	貸借対照表 貸方
現 金	250,000						250,000	
車両運搬具		500,000						500,000
減価償却累計額	200,000						200,000	
固定資産売却損	50,000				50,000			

例題6－4

次の取引を仕訳しなさい

(1) 備品（取得原価￥700,000、既償却額￥105,000）を弥彦商会に￥450,000で現金売却した。この備品について減価償却は直接法で記帳している。

(2) 車両（取得原価￥800,000、減価償却累計額￥288,000）を深谷商事に￥600,000で売却し代金は現金を受け取った。なお、この車両は間接法で記帳している。

(3) 平成19年1月1日に、備品（購入日：平成16年1月1日、取得原価：￥400,000、減価償却方法：定額法、耐用年数：6年、残存価額：取得原価の10％、記帳方法：間接法、決算日：12月31日）を￥100,000で売却し、代金は月末に受け取ることとした。

解　答

(1) （借）現　　　　金　450,000　（貸）備　　　　品　595,000
　　　　　固定資産売却損　145,000

第6章　固定資産

精算表

勘定科目	試算表 借方	試算表 貸方	修正記入 借方	修正記入 貸方	損益計算書 借方	損益計算書 貸方	貸借対照表 借方	貸借対照表 貸方
現　　金	450,000						450,000	
備　　品		595,000						595,000
固定資産売却損	145,000				145,000			

【解　説】

備品勘定：取得原価￥700,000－既償却額￥105,000＝￥595,000

固定資産売却損：現金￥450,000－備品勘定￥595,000＝￥－145,000

(2)　（借）現　　　　金　　600,000　　（貸）車両運搬具　　800,000
　　　　　減価償却累計額　　288,000　　　　　固定資産売却益　　88,000

精算表

勘定科目	試算表 借方	試算表 貸方	修正記入 借方	修正記入 貸方	損益計算書 借方	損益計算書 貸方	貸借対照表 借方	貸借対照表 貸方
現　　金	600,000						600,000	
車両運搬具		800,000						800,000
減価償却累計額	288,000						288,000	
固定資産売却益		88,000				88,000		

【解　説】

車両勘定の計算：取得原価￥800,000－既償却額￥288,000＝￥512,000

固定資産売却益：現金￥600,000－車両勘定￥512,000＝￥88,000

(3)　（借）未　収　　金　　100,000　　（貸）備　　　品　　400,000
　　　　　減価償却累計額　　180,000＊
　　　　　固定資産売却損　　120,000

　　＊　（減価償却累計額）￥180,000＝$\dfrac{（取得原価）￥400,000－（残存価額）￥40,000}{（耐用年数）6年}$×3年

精　算　表

勘定科目	試算表		修正記入		損益計算書		貸借対照表	
	借方	貸方	借方	貸方	借方	貸方	借方	貸方
未　収　金	100,000						100,000	
備　　　品		400,000						400,000
減価償却累計額	180,000						180,000	
固定資産売却損	120,000				120,000			

【解　説】

　備品勘定の計算：取得原価￥400,000－既償却額￥180,000＝　￥220,000

　固定資産売却損：未　収　金￥100,000－備品勘定￥220,000＝－￥120,000

❖ 練習問題 5 ❖

1 次の取引を仕訳しなさい。

(1) 野沢製作所は，製作用の機械を¥150,000で購入して，据付費¥20,000とともに現金で支払った。

(2) 営業自動車¥2,000,000を購入し，代金のうち¥500,000は小切手を振り出して支払い，残額は月末に支払うこととした。なお，手数料¥50,000は現金で支払った。　　　　　　　　　　　　　　　　　　　　　　　　　（日商第98回改題）

(3) 越後湯沢商店から，事務用の備品¥300,000で購入し，代金のうち¥100,000は小切手を振り出して支払い，残額は翌月末に支払うこととした。なお，備品の引取運賃¥20,000と据付費¥10,000は現金で支払った。

（日商第109回改題）

	借　方	金　額	貸　方	金　額
(1)				
(2)				
(3)				

2 次の取引を仕訳しなさい。

(1) 片山津不動産から店舗用の建物を購入し，代金¥7,000,000は小切手を振り出して支払い，仲介手数料など¥350,000は現金で支払った。

（日商第99回改題）

(2) 中古の店舗の改修工事を行い，改修工事代¥3,000,000を半分は小切手を振り出して支払い，残り半分は翌月払いとした。

(3) 事務所の窓ガラスが破損したため，取替えのための費用¥50,000を現金で支払った。

	借 方	金 額	貸 方	金 額
(1)				
(2)				
(3)				

3 次の取引を仕訳しなさい。

(1) 店舗用の土地を¥8,500,000で購入し，代金は小切手を振り出して支払い，仲介手数料と整地費用¥500,000を現金で支払った。

(2) 店舗拡張にともない，土地200㎡を1㎡につき¥15,000で購入し，登記料¥60,000および仲介手数料¥30,000とともに，代金は小切手を振り出して支払った。　　　　　　　　　　　　　　　　　　（日商第106回改題）

(3) 倉庫用の土地2,000㎡を1㎡あたり¥9,000で購入し，代金の半分は現金で支払い，残りの半分は翌月払いとした。なお仲介手数料¥300,000と整地費用¥250,000は小切手を振り出して支払った。

	借 方	金 額	貸 方	金 額
(1)				
(2)				
(3)				

4 次の取引を仕訳しなさい。

(1) 平成19年9月30日に，暖房器具（購入日：平成17年10月1日，取得原価：¥500,000, 減価償却方法：定額法，耐用年数：6年，残存価額：取得原価の10%，記帳方法：間接法，決算日：9月30日）を¥100,000で売却し，代金は小切手で受け取った。なお，当期分の減価償却費の計上も記入すること。

（日商第102回改題）

第6章　固定資産

(2) 営業用の自動車（取得原価￥1,500,000，残存価額：取得原価の10％，耐用年数6年）を2年間使用し，すでに2期（決算年1回）にわたり減価償却をしてきたが，辰口商会に￥600,000で売却し，代金は月末に受け取ることにした。ただし減価償却の計算は定額法，記載は間接法を用いている。

(日商第105回改題)

(3) 備品（取得原価￥400,000，減価償却累計額￥240,000）を￥200,000で売却し，代金は小切手で受け取った。なお，減価償却は直接法により処理されている。

(日商第108回改題)

	借　方	金　額	貸　方	金　額
(1)				
(2)				
(3)				

解　答

1

(1) (借) 機 械 装 置　170,000　　(貸) 現　　　金　170,000

精　算　表

勘定科目	試算表		修正記入		損益計算書		貸借対照表	
	借方	貸方	借方	貸方	借方	貸方	借方	貸方
現　　　金		170,000						170,000
機 械 装 置	170,000						170,000	

(2) (借) 車 両 運 搬 具 2,050,000　　(貸) 当 座 預 金 500,000
　　　　　　　　　　　　　　　　　　　　未　払　金 1,500,000
　　　　　　　　　　　　　　　　　　　　現　　　金　 50,000

精　算　表

勘定科目	試算表		修正記入		損益計算書		貸借対照表	
	借方	貸方	借方	貸方	借方	貸方	借方	貸方
現　　　金		50,000						50,000
当 座 預 金		500,000						500,000
車両運搬具	2,050,000						2,050,000	
未　払　金		1,500,000						1,500,000

(3) (借) 備　　　　品 330,000　　(貸) 当 座 預 金 100,000
　　　　　　　　　　　　　　　　　　　　未　払　金 200,000
　　　　　　　　　　　　　　　　　　　　現　　　金　 30,000

【解　説】

　有形固定資産の購入に関しては，購入価額と付随費用を含めて有形固定資産勘定に記入することに注意する。

精　算　表

勘定科目	試算表		修正記入		損益計算書		貸借対照表	
	借方	貸方	借方	貸方	借方	貸方	借方	貸方
現　　　金		30,000						30,000
当 座 預 金		100,000						100,000
備　　　品	330,000						330,000	
未　払　金		200,000						200,000

2

(1) (借) 建　　　　物 7,350,000　　(貸) 当 座 預 金 7,000,000
　　　　　　　　　　　　　　　　　　　　現　　　金　350,000

第6章　固定資産

精　算　表

勘定科目	試算表		修正記入		損益計算書		貸借対照表	
	借方	貸方	借方	貸方	借方	貸方	借方	貸方
現　　金		350,000						350,000
当座預金		7,000,000						7,000,000
建　　物	7,350,000						7,350,000	

(2) （借）建　　物　3,000,000　（貸）当 座 預 金　1,500,000
　　　　　　　　　　　　　　　　　　未　払　金　1,500,000

精　算　表

勘定科目	試算表		修正記入		損益計算書		貸借対照表	
	借方	貸方	借方	貸方	借方	貸方	借方	貸方
当座預金		1,500,000						1,500,000
建　　物	3,000,000						3,000,000	
未 払 金		1,500,000						1,500,000

(3) （借）修　繕　費　50,000　（貸）現　　　　金　50,000

【解説】
　建物の改修・増築の場合は，建物の価値の増加および耐用年数を延長させるため資本的支出となり，建物勘定に記入する。また，通常要する修理・保守は建物の価値の増加および耐用年数の延長とならないため修繕費勘定を用いることに注意する。

精　算　表

勘定科目	試算表		修正記入		損益計算書		貸借対照表	
	借方	貸方	借方	貸方	借方	貸方	借方	貸方
現　　金		50,000						50,000
修 繕 費	50,000				50,000			

3

(1) (借) 土　　　地 9,000,000　　(貸) 当 座 預 金 8,500,000
　　　　　　　　　　　　　　　　　　　現　　　　金　 500,000

精　算　表

勘定科目	試算表 借方	試算表 貸方	修正記入 借方	修正記入 貸方	損益計算書 借方	損益計算書 貸方	貸借対照表 借方	貸借対照表 貸方
現　　金		500,000						500,000
当座預金		8,500,000						8,500,000
土　　地	9,000,000						9,000,000	

(2) (借) 土　　　地 3,090,000　　(貸) 当 座 預 金 3,090,000

　＊　200㎡×￥15,000＝￥3,000,000
　　　￥3,000,000＋￥60,000＋￥30,000＝￥3,090,000

精　算　表

勘定科目	試算表 借方	試算表 貸方	修正記入 借方	修正記入 貸方	損益計算書 借方	損益計算書 貸方	貸借対照表 借方	貸借対照表 貸方
当座預金		3,090,000						3,090,000
土　　地	3,090,000						3,090,000	

(3) (借) 土　　　地 18,550,000　　(貸) 現　　　　金 9,000,000
　　　　　　　　　　　　　　　　　　　未　払　　金 9,000,000
　　　　　　　　　　　　　　　　　　　当 座 預 金　 550,000

　＊　2,000㎡×￥9,000＝￥18,000,000
　　　￥18,000,000＋￥300,000＋￥250,000＝￥18,550,000

第6章　固定資産

精　算　表

勘定科目	試算表 借方	試算表 貸方	修正記入 借方	修正記入 貸方	損益計算書 借方	損益計算書 貸方	貸借対照表 借方	貸借対照表 貸方
現　　　金		9,000,000						9,000,000
当座預金		550,000						550,000
土　　　地	18,550,000						18,550,000	
未　払　金		9,000,000						9,000,000

4

(1) (借) 現　　　　　金　100,000　　(貸) 備　　　　品　500,000
　　　減価償却累計額*1　150,000
　　　減 価 償 却 費*2　 75,000
　　　固定資産売却損*3　175,000

精　算　表

勘定科目	試算表 借方	試算表 貸方	修正記入 借方	修正記入 貸方	損益計算書 借方	損益計算書 貸方	貸借対照表 借方	貸借対照表 貸方
現　　　金	100,000						100,000	
備　　　品		500,000						500,000
減価償却累計額	150,000						150,000	
減価償却費	75,000				75,000			
固定資産売却損	175,000				175,000			

【解　説】

＊1　(減価償却累計額) ¥150,000 ＝ $\frac{(取得原価) ¥500,000 - (残存価額) ¥50,000}{(耐用年数) 6年} \times 2年$

＊2　(減価償却費)　　¥75,000 ＝ $\frac{(取得原価) 500,000 - (残存価額) 50,000}{(耐用年数) 6年}$

＊3　¥500,000 － ¥150,000 － ¥75,000 ＝ ¥275,000 (簿価)

　　¥275,000 － ¥100,000 ＝ ¥175,000 (固定資産売却損)

(2)　（借）減価償却累計額*¹ 450,000　　（貸）車両運搬具 1,500,000
　　　　　未　収　金　600,000
　　　　　固定資産売却損*² 450,000

精　算　表

勘定科目	試算表 借方	試算表 貸方	修正記入 借方	修正記入 貸方	損益計算書 借方	損益計算書 貸方	貸借対照表 借方	貸借対照表 貸方
未　収　金	600,000						600,000	
車両運搬具		1,500,000						1,500,000
減価償却累計額	450,000						450,000	
固定資産売却損	450,000				450,000			

【解　説】

*１　（減価償却累計額）¥450,000＝$\dfrac{（取得原価）¥1,500,000－（残存価額）¥150,000}{（耐用年数）6年}$×２年

*２　¥1,500,000－¥450,000＝¥1,050,000（簿価）
　　　¥1,050,000－¥600,000＝¥450,000（固定資産売却損）

(3)　（借）現　　　　金　200,000　　（貸）備　　　　品*¹ 160,000
　　　　　　　　　　　　　　　　　　　　固定資産売却益*² 40,000

精　算　表

勘定科目	試算表 借方	試算表 貸方	修正記入 借方	修正記入 貸方	損益計算書 借方	損益計算書 貸方	貸借対照表 借方	貸借対照表 貸方
現　　　金	200,000						200,000	
備　　　品		160,000						160,000
固定資産売却益		40,000				40,000		

【解　説】

*１　¥400,000－¥240,000＝¥160,000（簿価）

*２　¥200,000－¥160,000＝¥40,000（固定資産売却益）

（吉田　雅彦）

第7章

その他の債権・債務

第1節　貸付金・借入金

◆1　貸付金

　営業活動から生じる取引以外の事象より発生する取引で，対価性がなく単なる金銭を貸し付けた場合において処理する場合に用いるものとして**貸付金勘定**（資産）がある。たとえば借用証書等で金銭を取引先・従業員などに対して貸し付けた場合などがあげられ，後日返済を受けるまでは他者に対する債権をあらわすこととなる。

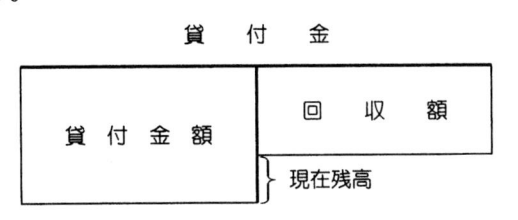

```
              貸　付　金
┌─────────────┬─────────────┐
│             │   回  収  額 │
│  貸 付 金 額 ├─────────────┤
│             │   現在残高   │
└─────────────┴─────────────┘
```

例題7－1

(1)　別府商店は，日田商店と借用証書を交わして￥100,000を現金で貸し付けた。

(2)　後日，同額の返済を現金で受けた。

【解 答】
(借) 貸　付　金　100,000　　(貸) 現　　　金　100,000
(借) 現　　　金　100,000　　(貸) 貸　付　金　100,000

【解 説】
商品の売買以外の取引での債権の発生で対価性がないので，貸付金勘定で処理するのである。

◆2 借 入 金

営業活動から生じる取引以外の事象より発生する取引で，対価性がなく単なる金銭を借り入れた場合において処理する場合に用いるものとして**借入金勘定**（負債）がある。たとえば借用証書等で金銭を取引先・従業員などから借り入れた場合などがあげられ，後日返済をするまでは他者に対する債務をあらわすこととなる。

```
          借　入　金
┌─────────────┬─────────────┐
│  返 済 額    │  借 入 金 額  │
│              │              │
└──┬──────────┴─────────────┘
   現在残高
```

例題7－2

(1) 湯布院商店は，川底商店と借用証書を交わして¥150,000を現金で借り入れた。
(2) 後日，同額の返済を現金で行った。

【解 答】
(1) (借) 現　　　金　150,000　　(貸) 借　入　金　150,000
(2) (借) 借　入　金　150,000　　(貸) 現　　　金　150,000

第7章　その他の債権・債務

【解　説】
　商品の売買以外の取引により，債務の発生であって対価性がないため，借入金勘定で処理する。

第2節　未収金・未払金

◆1　未　収　金

　営業活動から生じる取引以外の事象より発生する取引で，対価性がある**債権**を処理する場合に用いるものとして**未収金勘定（資産）**がある。たとえば商品の販売代金ではなく，企業が使用している車両運搬具・土地などを売却した場合の代金未収額をあらわす場合に用いられる。

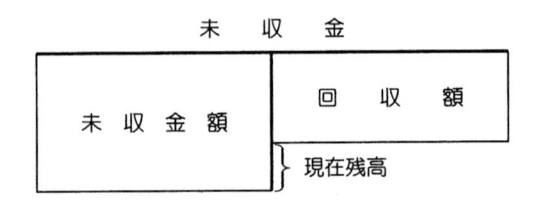

```
            未　収　金
  ┌─────────────┬─────────────┐
  │             │   回 収 額   │
  │   未収金額   ├─────────────┤
  │             │} 現在残高
  └─────────────┴─────────────┘
```

例題7－3

(1) 大神商店は，資材置場として使用している土地（帳簿価額¥900,000）を¥1,000,000で売却する契約を湯平商店と交わして¥500,000を現金で受け取り，残額¥500,000は後日受け取ることとした。

(2) 後日，残額を現金で受け取った。

解　答

(1) （借）現　　　　金　500,000　（貸）土　　　　地　900,000
　　　　未　収　金　500,000　　　　土地売却益　100,000
(2) （借）現　　　　金　500,000　（貸）未　収　金　500,000

【解　説】

　商品ではなく使用している土地を売却したので，回収できなかった部分の金額は債権として**未収金勘定**として計上する。なお，商品として土地を扱う不動産業などの本来の業務上の商品である土地の代金未回収額は**未収金勘定**ではな

く，売掛金勘定で処理する。

精　算　表

勘定科目	試算表		修正記入		損益計算書		貸借対照表	
	借方	貸方	借方	貸方	借方	貸方	借方	貸方
現　　　金	1,000,000						1,000,000	
土　　　地		900,000						900,000
土地売却益		100,000				100,000		

◆2　未　払　金

　営業活動から生じる取引以外の事象より発生する取引で，対価性がある債務を処理するのが負債勘定の１つである**未払金勘定**である。たとえば商品の購入代金ではなく，企業が使用している車両運搬具・土地などを購入した場合の代金未払額をあらわす。

未　払　金

支払額	未払金額
現在残高	

例題７－４

(1)　大岳商店は，竜門商店から配送用トラックを¥700,000で購入し，代金は後日支払うこととした。
(2)　後日，代金を小切手で支払った。

解　答

(1)　（借）車両運搬具　700,000　　（貸）未　払　金　700,000
(2)　（借）未　払　金　700,000　　（貸）当座預金　700,000

【解　説】

　商品ではなく使用する車両運搬具を購入したが，代金が未払いの場合にその未払額である債務を**未払金勘定**として計上する。

精　算　表

勘定科目	試算表		修正記入		損益計算書		貸借対照表	
	借方	貸方	借方	貸方	借方	貸方	借方	貸方
当座預金		700,000						700,000
車両運搬具	700,000						700,000	

第3節　前払金・前受金

◆1　前払金

　商品売買の営業活動を継続していく中で，購入代金の一部または全部をあらかじめ支払っておく場合があり，実際に手元に商品が届くまでの期間に処理するものが資産勘定の1つ**前払金勘定**である。たとえば内金として商品購入代金を支払った場合などがあげられる。

前　払　金	
代金を前払いしたとき	商品が手元に届いたとき

例題7－5

(1)　天ヶ瀬商店は，商品の購入代金として内金¥200,000を長湯商店に現金で支払った。
(2)　後日，商品が届いた。

解　答

(1)　(借)前　払　金　200,000　　(貸)現　　　　　金　200,000
(2)　(借)仕　　　入　200,000　　(貸)前　払　金　200,000

【解　説】

　前払金勘定は実際に商品が届くまで一時的に処理を行うために用いる勘定である。なお，前払金勘定は**前渡金勘定**を使うこともある。

精算表

勘定科目	試算表		修正記入		損益計算書		貸借対照表	
	借方	貸方	借方	貸方	借方	貸方	借方	貸方
現　　　金		200,000						200,000
仕　　　入	200,000				200,000			

◆2 前受金

商品売買の営業活動を継続していく中で，販売代金の一部または全部をあらかじめ受け取っておく場合があり，得意先の手元に実際商品が届くまでの期間に処理しておく場合に用いるのが負債勘定の1つ**前受金勘定**である。たとえば内金として商品販売代金を受け取った場合などがあげられる。

前受金

商品が得意先の手元に届いたとき	内金を受け取ったとき

例題7－6

(1) 宝泉寺商店は，商品の販売代金として内金￥300,000を牧ノ戸商店から小切手で受け取った。
(2) 後日，牧ノ戸商店から商品￥500,000が届いた旨の連絡を受けた。

解　答

(1) （借）現　　　金　300,000　（貸）前　受　金　300,000
(2) （借）前　受　金　300,000　（貸）売　　　上　500,000
　　　　　売　掛　金　200,000

第7章 その他の債権・債務

【解　説】

　前受金勘定は前払金勘定と同様に，実際に商品が届くまでの一時的に処理を行う場合に用いる勘定である。他人振出の小切手を受け取ったときは，小切手は現金同等物に属するため，**現金**勘定で処理する。残金の¥200,000は未収となるので売掛金勘定を用いて処理を行う。

精　算　表

勘定科目	試算表		修正記入		損益計算書		貸借対照表	
	借方	貸方	借方	貸方	借方	貸方	借方	貸方
現　　　金	300,000						300,000	
売　掛　金	200,000						200,000	
売　　　上		500,000				500,000		

第4節　立替金・預り金

◆1　立　替　金

　取引先・従業員などに対して，本来は支払う義務のないものを一時的に立て替える場合の処理に用いるものが資産勘定の1つ**立替金勘定**である。立替金のうち，従業員に対するものと他の立替金とを区別するために**従業員立替金勘定**を使用する場合もある。

立　替　金	
立替払いをしたとき	返済を受けたとき

例題7－7

(1)　極楽商店は，日南商店が負担すべき送料￥1,050を立て替えて現金で支払った。

(2)　えびの高原商店は，同店従業員から先日立替払いした￥100,000を現金にて返済を受けた。

解　答

(1)　(借) 立　替　金　　1,050　　(貸) 現　　　金　　1,050
(2)　(借) 現　　　金　100,000　　(貸) 従業員立替金　100,000

【解　説】
(2)　給与から差引きで返済を受けたときには，以下の仕訳となる。
　　　(借) 給　　　料　100,000　　(貸) 従業員立替金　100,000

極楽商店　　　　　　　　精　算　表

勘定科目	試算表		修正記入		損益計算書		貸借対照表	
	借方	貸方	借方	貸方	借方	貸方	借方	貸方
現　金		1,050						1,050
立替金	1,050						1,050	

えびの高原商店　　　　　精　算　表

勘定科目	試算表		修正記入		損益計算書		貸借対照表	
	借方	貸方	借方	貸方	借方	貸方	借方	貸方
現　金	100,000						100,000	
従業員立替金		100,000						100,000

◆2　預　り　金

　取引先・従業員などに対して，本来は受け取る権利のないものを一時的に預かった場合に処理しておくのが負債勘定の1つ**預り金**勘定である。なお，そのうちに従業員に対する預り金と他のそれとを区別するために**従業員預り金**勘定を使用する場合もある。その他，従業員の給料から差し引く源泉税などを徴収した場合に処理する方法として**源泉税預り金**勘定を用いる場合がある。

預　り　金

預り金を支払ったとき	預かったとき

例題 7 － 8

(1)　白滝商店は，同店従業員の源泉所得税総額¥215,000を給料から差引きして預かった。

(2) 湯穴商店は，同店従業員から差引きした源泉所得税￥356,000を現金にて納付した。

【解　答】
(1) （借）給　　　　料　　215,000　（貸）所得税預り金　　215,000
(2) （借）所得税預り金　　356,000　（貸）現　　　　金　　356,000

【解　説】
(1) 従業員の給料から差引きして預かる源泉所得税は，従業員に対して直接支払わずに企業が一時的にそれを預り，後日，企業が納税者たる従業員に代わり納付する。
(2) 企業が従業員から預かった源泉所得税を納付した結果，従業員に対する債務が消滅する。

白滝商店　　　　　　　　　　精　算　表

勘定科目	試算表		修正記入		損益計算書		貸借対照表	
	借方	貸方	借方	貸方	借方	貸方	借方	貸方
所得税預り金		215,000						215,000
給　　料	215,000				215,000			

湯穴商店　　　　　　　　　　精　算　表

勘定科目	試算表		修正記入		損益計算書		貸借対照表	
	借方	貸方	借方	貸方	借方	貸方	借方	貸方
現　　金		356,000						356,000
所得税預り金	356,000						356,000	

第5節　仮払金・仮受金

◆1　仮払金

　現預金の支出が発生した時点において，その相手科目または金額が不明のときに，それをいったん仮に処理しておく場合に用いるものが資産勘定の1つ**仮払金勘定**である。一例として，従業員が出張の際に，旅費総額が不明のため，いったん概算にて手渡しし，後日金額・費目等が判明したときの会計処理に用いられる。

仮　払　金

仮払支出したとき	仮払内容が判明したとき

例題7-9

(1)　綾商店は同店従業員の出張に際し概算旅費￥100,000を現金にて手渡した。
(2)　出張から従業員が帰り精算をしたところ￥95,000だったため残金を現金で受け取った。

【解　答】
(1)　(借) 仮　払　金　100,000　　(貸) 現　　　　金　100,000
(2)　(借) 旅　　　費　 95,000　　(貸) 仮　払　金　100,000
　　　　　現　　　金　 5,000

【解　説】
(1)　概算支払いをしたが相手科目が不明のため，いったん仮払処理をする。
(2)　費目・金額が判明したので**仮払金勘定**から正確な科目へ振り替える。

精　算　表

勘定科目	試算表		修正記入		損益計算書		貸借対照表	
	借方	貸方	借方	貸方	借方	貸方	借方	貸方
現　　金		95,000						95,000
旅　　費	95,000				95,000			

◆2 仮受金

現預金の収入が発生した時点において，その相手科目または金額が不明のため，それをいったん仮に処理しておく場合に用いるものとして**仮受金勘定**（負債）がある。たとえば得意先より内容不明の預金入金があり販売代金の前受金なのかあるいは単なる誤りによる振込みだったのかを得意先に確認がとれるまでの期間に仮に処理して場合に用いる。

仮　受　金

仮受内容が判明したとき	仮受収入したとき

例題7－10

(1) 佐土原商店は当座に高屋商店より振込入金￥450,000を確認したが内容が不明であったので問い合わせ中である。
(2) 上記内容が，売掛金の回収であることが判明した。

解　答

(1) （借）当　座　預　金　450,000　（貸）仮　　受　　金　450,000
(2) （借）仮　　受　　金　450,000　（貸）売　　掛　　金　450,000

第7章 その他の債権・債務

【解　説】
(1) 内容が不明の入金などがあった場合にいったん仮受金処理を行う。
(2) 後日その内容が判明したときに正確な相手科目に振り替える。

精　算　表

勘定科目	試算表 借方	試算表 貸方	修正記入 借方	修正記入 貸方	損益計算書 借方	損益計算書 貸方	貸借対照表 借方	貸借対照表 貸方
当座預金	450,000						450,000	
売掛金		450,000						450,000

第6節　商　品　券

　百貨店などが発行する商品券は，販売代金の前受けの性格を有するものであるため，商品券が実際に使用されるまでは商品券発行会社の負債となる。このような場合の処理に用いられるものとして**商品券勘定**（負債）がある。また業務提携している他店発行の商品券を受け入れて販売をしたときには他店に対する債権をあらわすため**他店商品券勘定**を用いて処理する。

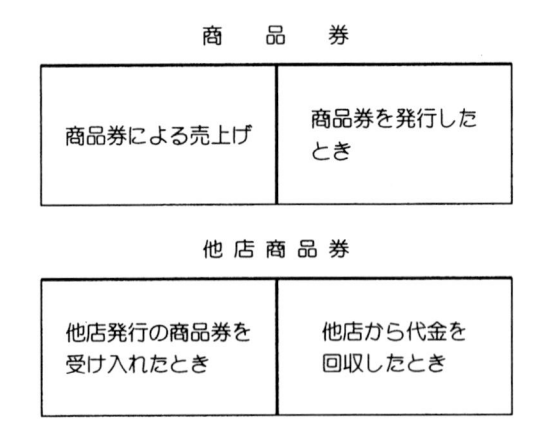

商　品　券

商品券による売上げ	商品券を発行したとき

他　店　商　品　券

他店発行の商品券を受け入れたとき	他店から代金を回収したとき

例題 7 − 11

(1) 宮崎たまゆら商店は商品券￥200,000を発行し現金を受け取った。

(2) 商品券の利用を受けて商品￥150,000を売上げた。

(3) 業務提携をしている郷之原商店発行の商品券を受け入れて商品￥100,000を売上げた。

(4) 郷之原商店発行の商品券が決済され，￥100,000が当座預金に振り込まれた。

第7章 その他の債権・債務

解 答

(1) (借) 現　　　　　金　200,000　(貸) 商　品　券　200,000
(2) (借) 商　品　券　150,000　(貸) 売　　　　　上　150,000
(3) (借) 他 店 商 品 券　100,000　(貸) 売　　　　　上　100,000
(4) (借) 当 座 預 金　100,000　(貸) 他 店 商 品 券　100,000

【解 説】

(1) 商品券を発行した段階では商品は販売しておらず，あくまでも代金を前受けした場合と同様である。したがって負債勘定の商品券勘定で処理する。
(2) 商品券が使用されたときに，売上が実現するので売上勘定へ振り替える。
(3) 他店発行の商品券を受け入れた場合には，他店への代金回収債権をあらわすため資産勘定である他店商品券勘定へ振り替える。
(4) 代金が回収できたときに他店商品券勘定を消滅させる。

精　算　表

勘定科目	試算表		修正記入		損益計算書		貸借対照表	
	借方	貸方	借方	貸方	借方	貸方	借方	貸方
現　　　金	200,000						200,000	
当 座 預 金	100,000						100,000	
商 品 券		50,000						50,000
売　　　上		250,000				250,000		

❖ 練習問題6 ❖

1 次の取引の仕訳をしなさい。

(1) 従業員10名が負担すべき当月分の生命保険料￥350,000を現金で支払った。当月末にこの生命保険料は，従業員の給料（総額￥3,800,000）から差し引くこととした。　　　　　　　　　　　　　　　　　（日商3級第113回改題）

(2) 近くの電器店からオフィス機器￥300,000と事務用消耗品￥35,000を購入した。代金のうち￥35,000は小切手を振り出して支払い，残額は翌月末からの3回払いとした。　　　　　　　　　　　　　　　（日商3級第113回改題）

(3) 得意先別府商店から商品￥250,000の注文を受け，本日同商店から当座預金口座に￥40,000の振込みがあった。この振込額のうち，￥30,000については注文品の内金であるが，残額については原因不明のため現在同店に対して問い合わせ中である。　　　　　　　　　　　　　（日商3級第112回改題）

(4) かねて仕入先白滝商店から商品￥500,000を仕入れ，代金のうち￥400,000については同店振出し，当店宛の為替手形を呈示されたため，それを引き受け，残額については全額掛として処理していたが，本日，本商品注文時に￥50,000を内金として支払っていたことが判明したため，訂正を行うこととした。なお，この取引から生じた買掛金について，決済は行われていない。
　　　　　　　　　　　　　　　　　　　　　　　　（日商3級第112回改題）

(5) 得意先湯布院商店に商品￥600,000を売上げた。代金のうち￥200,000はすでに受け取っていた手付金と相殺し，残額は掛とした。
　　　　　　　　　　　　　　　　　　　　　　　　（日商3級第111回改題）

第7章　その他の債権・債務

	借　　方	金　　額	貸　　方	金　　額
(1)				
(2)				
(3)				
(4)				
(5)				

2　次に示した未処理事項について精算表を作成しなさい。なお，会計期間は平成19年1月1日〜19年12月31日の1年間である。

(1) 出張中の社員から当座預金口座へ振り込まれた￥100,000については，仮受金で処理していたが，￥70,000は川底商店に対してすでに売却引き渡した車両運搬具（簿価￥120,000，売却価格￥120,000）の一部金額であり，￥30,000については大神商店から受領した手付金であることが判明した。
(日商3級第113回改題)

(2) 9月1日に白滝商店に支払った￥500,000は商品仕入の前渡しとして前払金勘定で処理していたが，貸付金の誤りであることが判明した。貸し付け条件は，貸付期間6カ月，年利3％（月割計算）で返済は元利ともに平成20年3月31日の期日である。
(日商3級第113回改題)

(3) 出張から帰ってきた従業員の旅費を精算したところ，￥45,000の現金を受け取った。内訳は佐土原商店からの売掛金回収￥50,000円と従業員の旅費不足分￥5,000円の差額であるとの報告を受けた。あらかじめ手渡したのは￥100,000である。

精算表
平成19年12月31日

勘定科目	試算表 借方	試算表 貸方	修正記入 借方	修正記入 貸方	損益計算書 借方	損益計算書 貸方	貸借対照表 借方	貸借対照表 貸方
現　　　金	98,000							
売　掛　金	200,000							
前　払　金	500,000							
仮　払　金	100,000							
未　収　金								
未 収 利 息								
貸　付　金								
車両運搬具	120,000							
前　受　金								
仮　受　金		100,000						
旅　　　費								
受 取 利 息								

解答

1

(1) （借）従業員立替金　350,000　　（貸）現　　　　金　350,000

(2) （借）備　　　　品　300,000　　（貸）当 座 預 金　 35,000
　　　　　消 耗 品 費　 35,000　　　　　未　払　金　300,000

(3) （借）当 座 預 金　 40,000　　（貸）前　受　金　 30,000
　　　　　　　　　　　　　　　　　　　　仮　受　金　 10,000

(4) （借）買　掛　金　 50,000　　（貸）前　払　金　 50,000

(5) （借）前　受　金　200,000　　（貸）売　　　　上　600,000
　　　　　売　掛　金　400,000

第7章　その他の債権・債務

【解　説】

(1) 本来企業が負担するものではないものをあらかじめ立て替えて支払っているので立替金勘定で処理する。まず支払手段は現金であるので資産の減少の貸方に現金が記入される。次に借方は支払ったときを基準と考え回収が先ならば預り金勘定で回収が後ならば立替金勘定となる。ここでは従業員に対するものなので従業員立替金勘定を用いる。

(2) 資産に計上する備品と費用に計上する消耗品費を購入した取引である。
　　貸方は代金総額¥335,000のうち¥35,000は小切手で支払ったので当座預金勘定を記入する。残額は営業活動以外の債務となるので未払金勘定を記入する。

(3) 当座への入金があったが一部内容不明がある場合の取引である。借方は資産である当座預金勘定が増加したことは事実であるのでまず記入する。借方は判明している部分の内金は前受金勘定で処理し，残る不明部分は仮受金勘定で処理する。

(4) すでに処理されている仕訳を訂正する問題である。本来内金である前払金を仕入に充当するところ誤って掛仕入を計上してしまったので，買掛金勘定と前払金勘定を相殺する。

〔誤〕
　（借）仕　　　　　入　　500,000　　（貸）支　払　手　形　　400,000
　　　　　　　　　　　　　　　　　　　　　買　　掛　　金　　100,000

〔正〕
　（借）仕　　　　　入　　500,000　　（貸）支　払　手　形　　400,000
　　　　　　　　　　　　　　　　　　　　　前　　払　　金　　 50,000
　　　　　　　　　　　　　　　　　　　　　買　　掛　　金　　 50,000

(5) 商品を売上げたので貸方には売上勘定¥600,000が記入される。借方にはその代金としてすでに受け取った前受金勘定と営業債権の売掛金勘定が記入される。

2

精　算　表
平成19年12月31日

勘定科目	試算表 借方	試算表 貸方	修正記入 借方	修正記入 貸方	損益計算書 借方	損益計算書 貸方	貸借対照表 借方	貸借対照表 貸方
現　　　金	98,000		45,000				143,000	
売　掛　金	200,000			50,000			150,000	
前　払　金	500,000			500,000				
仮　払　金	100,000			100,000				
未　収　金			50,000				50,000	
未収利息			3,750				3,750	
貸　付　金			500,000				500,000	
車両運搬具	120,000			120,000				
前　受　金				30,000				30,000
仮　受　金		100,000	100,000					
旅　　　費			105,000		105,000			
受取利息				3,750		3,750		

【解　説】
(1) 仕　　訳

　　(借) 仮　受　金　　70,000　　(貸) 車両運搬具　　120,000
　　(借) 未　収　金　　50,000
　　(借) 仮　受　金　　30,000　　(貸) 前　受　金　　30,000

　　2つの修正事項が入りまじった問であり，仮受金勘定の¥100,000のうち¥70,000についてはすでに売却した車両代金であるので残金を未収金勘定で処理するのがポイントである。

(2) 仕　　訳

　　(借) 貸　付　金　　500,000　　(貸) 前　払　金　　500,000
　　(借) 未収利息　　　3,750　　(貸) 受取利息　　　3,750

誤記帳を修正する問である。前払金勘定から正しい貸付金勘定へまず振り替える。次に貸付日から決算日までの経過した未収利息を計上する。

$$¥500,000 \times 年利3\% \times \frac{3カ月}{12カ月} = ¥3,750$$

(3) 仕　　　訳

(借) 旅　　　　費　　105,000　　(貸) 仮　払　金　　100,000
(借) 現　　　　金　　 45,000　　(貸) 売　掛　金　　 50,000

旅費の仮払精算事項と売掛金回収事項が入りまじった設問である。まず，旅費の精算についてはあらかじめ手渡してあった¥100,000では¥5,000不足のため現金¥5,000を従業員に手渡す（出金）必要がある。次に佐土原商店からの売掛金¥50,000を回収したので現金を受け取る（入金）必要がある。したがって差額現金¥45,000を受け取ればよいのである。

（佐々木　隆）

第8章

純 資 産（資本）

第1節　純資産（資本）の意味

　純資産（**資本**）とは，貸借対照表の構成要素の1つであり，資産から負債を差し引いた差額の部分（資産－負債＝純資産（資本））をいう。純資産（資本）は，事業主の出資した額をあらわし，また企業経営を始めるにあたっての元手となる部分である。この元手を利用して企業はさまざまな経営活動を行っていく。企業の経営活動に際して重要となってくる純資産(資本)は，企業の形態によって純資産（資本）に属するものが異なってくる。

　平成18年5月から施行されている会社法においては，株式会社の貸借対照表項目の区分を「資産の部」，「負債の部」および「純資産の部」と表示している。このうち「純資産の部」は，従来，「資本の部」と表示されていた部分である。このように会社法の施行にともなって資本（純資産）に関する諸事情が大幅に変化している現状ではあるが，本章においては日商簿記3級の出題範囲である個人企業の純資産（資本）勘定について考察していく。

> **例題 8 － 1**
>
> 　阿蘇商店は，次のような資産・負債を所有している。この金額をもとにして純資産（資本）の額を計算せよ。
>
> 　現　　金　¥   480,000　　借入金　¥600,000　　売掛金　¥300,000
> 　建　　物　¥2,500,000　　買掛金　¥680,000

解　答

純資産（資本）　¥2,000,000

【解　説】

　貸借対照表は企業の財政状態をあらわす。この貸借対照表の構成要素は資産・負債・純資産（資本）となっている。この例題は貸借対照表等式（資産－負債＝純資産（資本））を使用すれば解答を導ける。

　資　産：現　金　¥480,000　売掛金　¥300,000　建　物　¥2,500,000
　負　債：借入金　¥600,000　買掛金　¥680,000

　したがって，

　　(480,000＋300,000＋2,500,000)－(600,000＋680,000)＝2,000,000

として純資産（資本）を算定できる。

第8章　純資産（資本）

第2節　個人企業の純資産（資本）勘定

　株式会社等の法人化された企業の資本金は株主総会を通じて承認を得なければ純資産（資本）の増減を行うことができない。しかし個人企業の場合は，事業開始の際に出資（元入れ）した資本は，事業の開業後に事業拡大等の理由により追加出資（追加の元入れ）したり，反対に，事業主（店主）が私用のために現金を使用したり，商品を持ち出したりすることができる。このような場合，個人企業では純資産（資本）の増減取引として**資本金勘定**を設定して処理することとなる。

　資本金勘定の増減要因としては次のような場合が考えられる。

① 　純資産（資本）の追加元入れ
② 　純資産（資本）の引出
③ 　決算時に損益勘定で算定される
④ 　純利益もしくは純損失の発生

◆1　期中における資本の増加取引

　純資産（資本）の増加取引とは，事業主が事業の拡大等の理由により資金等を提供する取引である。期中において事業主が追加の出資（元入れ）をした場合には純資産（資本）が増加するため，事業開始時と同様に資本金勘定の貸方に記入する。なお，追加の元入れも事業開始時の元入れと同様に，現金の他，土地や建物などでも行うことができる。

例題8－2

　天草商店の事業主は，事業の拡大のため，現金￥300,000と土地￥1,200,000を提供した。

解　答

(借) 現　　　　金　300,000　　(貸) 資　本　金　1,500,000
　　 土　　　　地　1,200,000

精　算　表

勘定科目	試算表		修正記入		損益計算書		貸借対照表	
	借方	貸方	借方	貸方	借方	貸方	借方	貸方
現　　金	300,000						300,000	
土　　地	1,200,000						1,200,000	
資　本　金		1,500,000						1,500,000

◆2　期中における資本の減少取引

　純資産（資本）の減少取引とは，事業主が私的な目的のために事業用の財産を消費する取引である。期中において事業主が事業用の現金や商品を私用で使った場合には，元入れした純資産（資本）を引出した（払い戻し）こととなるため，資本金勘定の借方に記入する。

> **例題8－3**
>
> 　黒川商店の事業主は，友人の出店祝いのために現金￥50,000を店の現金から引き出した。

解　答

(借) 資　本　金　50,000　　(貸) 現　　　　金　50,000

精　算　表

勘定科目	試算表		修正記入		損益計算書		貸借対照表	
	借方	貸方	借方	貸方	借方	貸方	借方	貸方
現　　金		50,000						50,000
資　本　金	50,000						50,000	

第8章　純資産（資本）

◆3　引出金勘定

事業主の純資産（資本）の引出しが一会計期間に頻繁に行われる場合，その事実を資本金勘定へ記帳すると，期首の資本金額や期中における引出額が明確に表せなくなってしまう。そこで資本金勘定とは別に**引出金勘定**を設定して，引出金に関してはこの勘定で処理し，引出額を引出金勘定の借方に記入する。

> 例題8－4
> 人吉商店の事業主は，自宅の電気代の支払いのため店の現金￥10,000を引き出して支払った。

解　答

（借）引　出　金　10,000　（貸）現　　　　金　10,000

【解　説】

この引出金勘定の期末有高は，決算時において資本金勘定に振り替えられることとなる。

〔決算振替仕訳〕

（借）資　本　金　×××　（貸）引　出　金　×××

◆4　引出金による税金の納付

個人企業の事業主の場合は，所得税・事業税・住民税・固定資産税等の税金を納める義務がある。所得税・住民税は利益から支払われるものであるので，税法上において費用として計上することは認められない。したがって所得税・住民税を納付した際には，引出金勘定で処理する。またそれ以外の税金の納付に関しては，租税公課等の勘定科目にて処理する。

所得税は1月1日から12月31日までの1年間の経営活動によって生じた純利益にもとづいて計算した所得に対して課せられる税金である。所得税は翌年の2月16日から3月15日までの間に税務署に申告するが，これを**確定申告**という。

また所得税には前年度の所得税額にもとづいて，あらかじめ納付しておく制度があり，これを**予定納税制度**という。予定納税をした場合には確定申告の際にはその年度の所得金額から予定納税分を差し引いて納付する。

例題8－5

次の取引を仕訳せよ。

玉名商店の店主は確定申告を行った。その結果，本年度における申告額が，¥1,000,000となり，納付済の予定税額¥700,000を差し引いた金額を現金で納付した。

解 答

(借) 引 出 金 300,000 　 (貸) 現 　 　 金 300,000

第8章 純資産（資本）

❖❖ 練習問題 7 ❖❖

次の表の（　）内に適切な金額を入れよ。

	期首純資産	期末純資産	追加元入	引出金	当期純損益
雲仙商店	500,000	（ ① ）	200,000	150,000	100,000
島原商店	（ ② ）	1,170,000	220,000	230,000	280,000
小浜商店	60,000	100,000	30,000	0	（ ③ ）

①		②		③	

解　答

①	650,000	②	900,000	③	10,000

（太田　裕隆）

第 ⑨ 章

損 益 の 整 理

第1節　損益の整理

　現行の企業会計において，企業はいわゆる**継続企業概念**を前提としている。そこでは，企業の損益計算にあたっては**期間の概念**の導入を必要とし，そのため半永久的に続くと仮定される企業活動を一定期間ごとに人為的に区切り，その期間ごとに損益計算を行うべき必要が生じる。その仕組みを**発生主義会計**にもとづく**期間損益計算**と呼ぶが，その正確な計算を行うために，収益や費用をそれらが発生した期間に正しく割り当てられるような処理が要求される（**収益・費用の帰属期間の決定**）。そのために，収入と収益および支出と費用との期間的なズレを修正する会計上の手続きが必要とされる。

　その修正計算の全般を**損益の整理**と呼んでいる。損益の整理において行われる計算は，収益および費用の**繰延べ**と，収益および費用の**見越し**の2計算であり，それらによって生じる4つの期間的差異を**経過勘定項目**という。

　ここで，収益および費用の繰延べとは，当期すでに受け払いの済んでいる収入または支出のうちに次期以降の分（当期の収益または費用とならない分）が含まれている場合，その次期以降の分を当期の損益計算から除外して次期以降へ繰り越すことをいい，収入と収益の関係において，それは「**前受収益**」（負債）であり，支出と費用との関係において，それは「**前払費用**」（資産）である。

　また，収益および費用の見越しとは，当期の収益または費用でありながら，未だ現金の受け払い（収入または支出）がないものについて，次期以降において

その現金の受け払いが行われると予定して，当期損益を調整することをいう。収入と収益との関係において，それは「**未収収益**」(資産)であり，支出と費用との関係において，それは「**未払費用**」(負債)である。

これらを要約すれば，以下のとおりとなる。

経過勘定項目の一覧

	収　　益	費　　用
資　産	未収収益 ・ 収益収入の見越し ・ 収益へ追加計上	前払費用 ・ 費用支出の繰延べ ・ 費用からの控除
負　債	前受収益 ・ 収益収入への繰延べ ・ 収益からの控除	未払費用 ・ 費用支出の見越し ・ 費用へ追加計上

第2節　収益・費用の繰延べ
－前払費用・前受収益の処理－

◆1　前払費用の繰延計算

　決算日現在において，費用に属する諸勘定に，当期に費用として支出した金額のうちに次期以降の費用として処理すべき分が含まれている場合，その次期以降の費用とすべき分を，当期の損益計算から除外して次期以降に繰り延べなければならない。繰り延べられた金額は，決算時に**前払費用勘定**（資産）の借方に振り替えられる。その後，翌期首に再びもとの費用勘定に戻される。この振り戻し作業を**再振替仕訳**または**再修正仕訳**という。

(1)　**決算時**－費用の繰延べを行う。費用からの控除

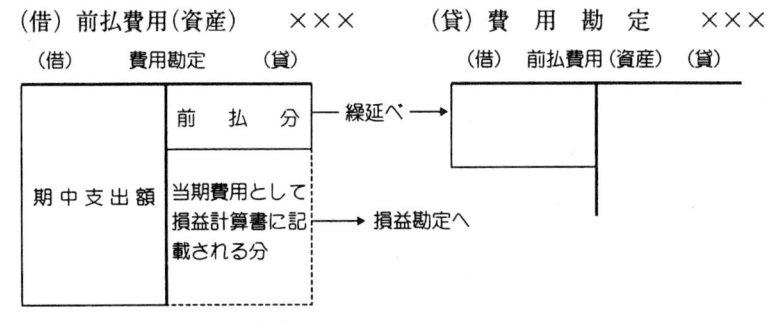

　　（借）前払費用（資産）　×××　　（貸）費　用　勘　定　×××

(借)	費用勘定	(貸)
期中支出額	前払分	→繰延べ→
	当期費用として損益計算書に記載される分	→損益勘定へ

(借) 前払費用（資産） (貸)

(2)　**翌期首**－再振替仕訳を行う。

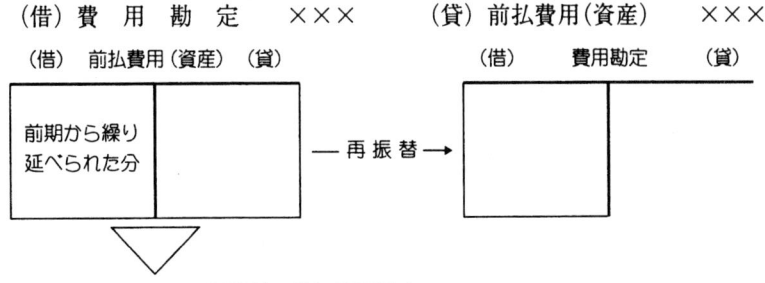

　　（借）費　用　勘　定　×××　　（貸）前払費用（資産）　×××

(借)	前払費用（資産)	(貸)
前期から繰り延べられた分		→再振替→

(借) 費用勘定 (貸)

再振替仕訳により，翌期首に前払費用勘定は貸借同額となり，消去される。

例題9－1

草津商店の次の一連の取引の仕訳を示しなさい。
11／1　火災保険契約を締結し，その保険料1年分￥120,000を現金で支払った。
12／31　決算に際して，上記保険料について費用の繰延計算を行った。なお，当期の費用に属する分は損益勘定に振り替えた。
1／1　再振替仕訳を行った。

解　答

11／1　（借）支 払 保 険 料　120,000　（貸）現　　　　金　120,000
12／31　（借）前 払 保 険 料　100,000　（貸）支 払 保 険 料　100,000

$$¥120,000 \times \frac{10}{12} = ¥100,000$$

　　　　（借）損　　　　益　 20,000　（貸）支 払 保 険 料　 20,000
1／1　（借）支 払 保 険 料　100,000　（貸）前 払 保 険 料　100,000

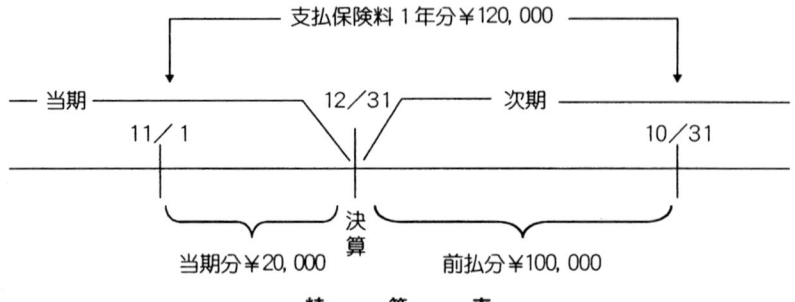

```
           ┌────── 支払保険料1年分￥120,000 ──────┐
           ↓                                         ↓
── 当期 ──────────── 12/31 ──── 次期 ────────────
     11／1             │                    10／31
                      決
                      算
       当期分￥20,000      前払分￥100,000
```

精　算　表

勘定科目	試算表		修正記入		損益計算書		貸借対照表	
	借方	貸方	借方	貸方	借方	貸方	借方	貸方
現　　　金		120,000						120,000
前払保険料			100,000				100,000	
支払保険料	120,000			100,000	20,000			

第9章 損益の整理

```
(借)         支払保険料              (貸)
11/1 現    金  120,000 │ 12/31 前払保険料  100,000
                      │   〃  損    益   20,000
              ―――――――  │              ―――――――
              120,000 │              120,000

1/1 前払保険料  100,000
```

↓ 繰延べ

```
(借)         前払保険料              (貸)
12/31 支払保険料 100,000 │ 12/31 次期繰越  100,000
              ―――――――  │              ―――――――
1/1 前期繰越  100,000 │ 1/1 支払保険料  100,000
```

再振替仕訳

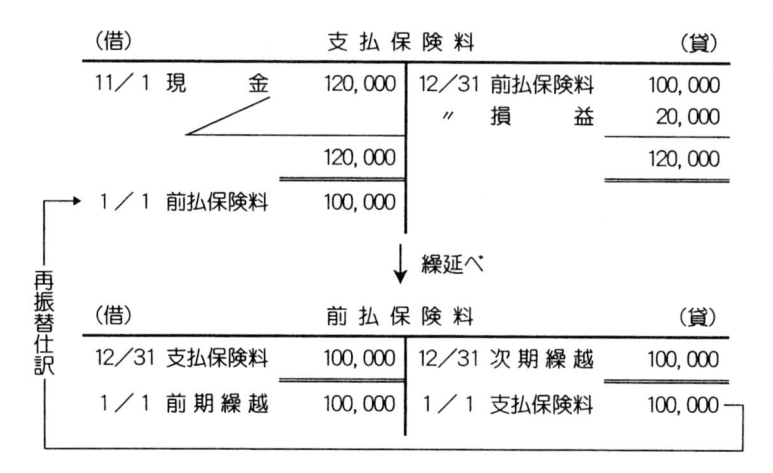

　ちなみに，費用の繰延計算が行われる費用勘定において，当期の損益計算にかかわる当期発生費用は，以下のように計算されることになる。

当期発生費用＝前期末(当期首)前払費用(再振替分)＋期中支払額
**　　　　　　－当期末前払費用(次期繰延分)**

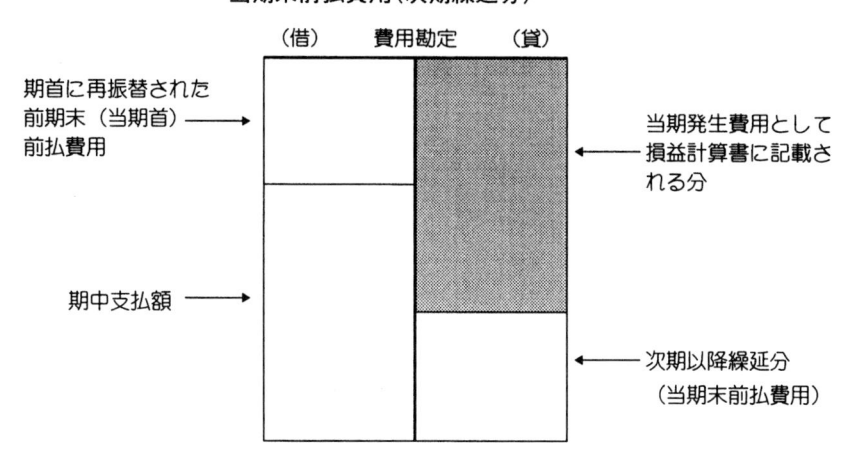

```
            (借)  費用勘定  (貸)
期首に再振替された
前期末(当期首)  →        │  ← 当期発生費用として
前払費用                 │    損益計算書に記載さ
                        │    れる分

期中支払額    →          │
                        │  ← 次期以降繰延分
                        │    (当期末前払費用)
```

　なお，前払費用は次のように定義されている（企業会計原則注解，注5,(1)）。
「前払費用は，一定の契約に従い，継続して役務の提供を受ける場合，いまだ提供されていない役務に対し支払われた対価をいう。」

◆2 前受収益の繰延計算

　決算日現在において，収益に属する諸勘定に，当期に収益として収入した金額のうちに次期以降の収益として処理すべき分が含まれている場合，その次期以降の収益とすべき分を，当期の損益計算から除外して次期以降に繰り延べることが必要とされる。繰り延べた金額は，決算時に**前受収益勘定**（負債）の貸方に振り替えられ，そして，その後翌期首には，再びもとの収益勘定に戻される作業，すなわち再振替仕訳が行われる。

(1) **決算時**—収益の繰延べを行う。収益からの控除

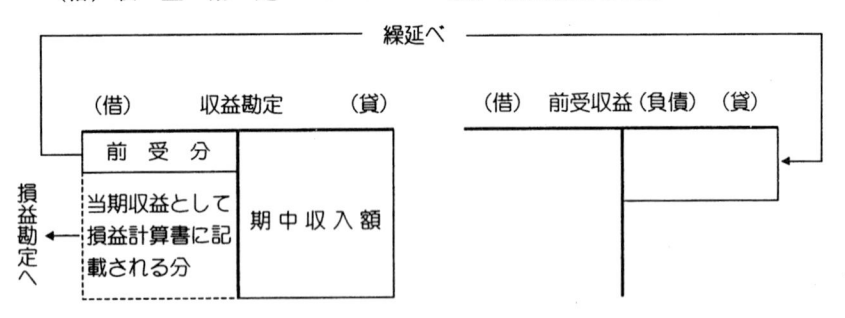

　　　（借）収　益　勘　定　×××　　（貸）前受収益（負債）　×××

```
                           ─── 繰延べ ───
        （借）　  収益勘定　  （貸）         （借）　前受収益（負債）　（貸）
        ┌─────────────┬─────────────┐      ┌─────────────┬─────────────┐
        │   前 受 分   │             │      │             │             │
損益     ├─────────────┤             │      │             │             │
勘定  ← │当期収益として│  期中収入額  │      │             │             │
へ      │損益計算書に記│             │      │             │             │
        │載される分    │             │      │             │             │
        └─────────────┴─────────────┘      └─────────────┴─────────────┘
```

(2) **翌期首**—再振替仕訳を行う。

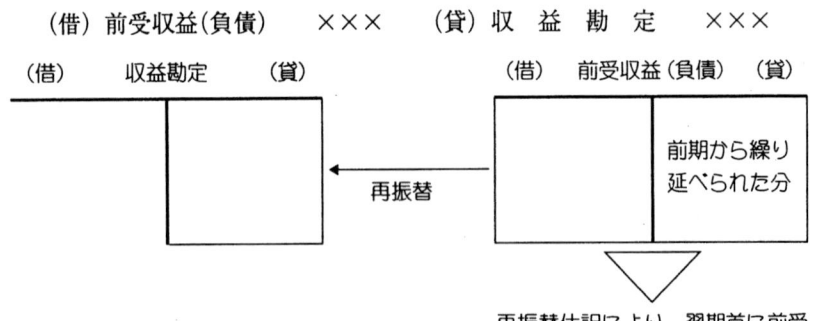

　　　（借）前受収益（負債）　×××　　（貸）収　益　勘　定　×××

```
        （借）    収益勘定   （貸）              （借）　前受収益（負債）　（貸）
        ┌─────────────┬─────────────┐      ┌─────────────┬─────────────┐
        │             │             │  ←    │             │  前期から繰り│
        │             │             │再振替 │             │  延べられた分│
        │             │             │      │             │             │
        └─────────────┴─────────────┘      └─────────────┴─────────────┘
```

再振替仕訳により，翌期首に前受収益勘定は貸借同額となり，消去される。

第9章 損益の整理

> **例題9－2**
>
> 水上商店の次の一連の取引の仕訳を示しなさい。
> 5／1　地代6カ月分￥600,000を現金で受け取った。
> 6／30　決算に際して，上記地代について収益の繰延計算を行った。なお，当期の収益に属する分は損益勘定に振り替えた。
> 7／1　再振替仕訳を行った。

解　答

5／1　（借）現　　　　　金　600,000　（貸）受　取　地　代　600,000
6／30　（借）受　取　地　代　400,000　（貸）前　受　地　代　400,000
　　　　$¥600,000 \times \dfrac{4}{6} = ¥400,000$
　　　（借）受　取　地　代　200,000　（貸）損　　　　　益　200,000
7／1　（借）前　受　地　代　400,000　（貸）受　取　地　代　400,000

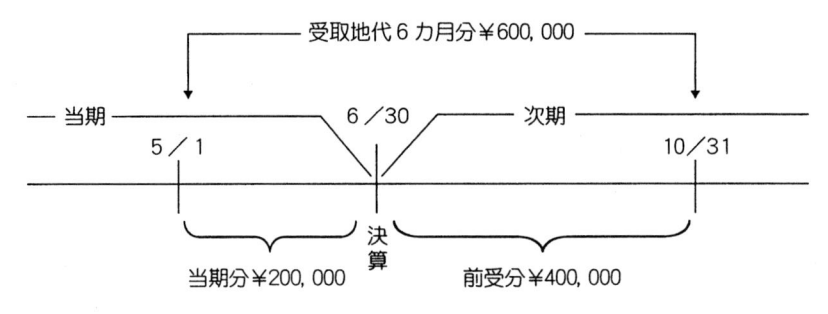

```
            ┌──── 受取地代6カ月分￥600,000 ────┐
            ↓                                    ↓
── 当期 ──────────   6／30   ─── 次期 ─────────
         5／1                              10／31
           └──────┘ 決 └──────────┘
           当期分￥200,000 算　前受分￥400,000
```

精　算　表

勘定科目	試算表		修正記入		損益計算書		貸借対照表	
	借方	貸方	借方	貸方	借方	貸方	借方	貸方
現　　　金	600,000						600,000	
受取地代		600,000	400,000			200,000		
前受地代				400,000				400,000

(借)	受 取 地 代		(貸)
6/30 前受地代	400,000	5/1 現　　金	600,000
〃　損　益	200,000		
	600,000		600,000
		7/1 前受地代	400,000

↑ 再振替仕訳

(借)	前 受 地 代		(貸)
6/30 次期繰越	400,000	6/30 受取地代	400,000
7/1 受取地代	400,000	7/1 前期繰越	400,000

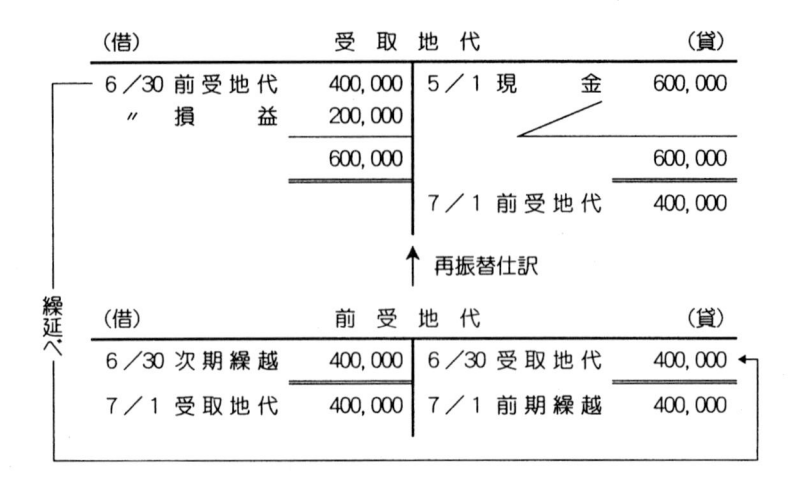

繰延べ

　ちなみに，収益の繰延計算が行われる収益勘定において，当期の発生収益は，以下のように計算されることになる。

当期発生収益＝前期末（当期首）前受収益（再振替分）＋期中収入額
　　　　　　　－当期末前受収益（次期繰延分）

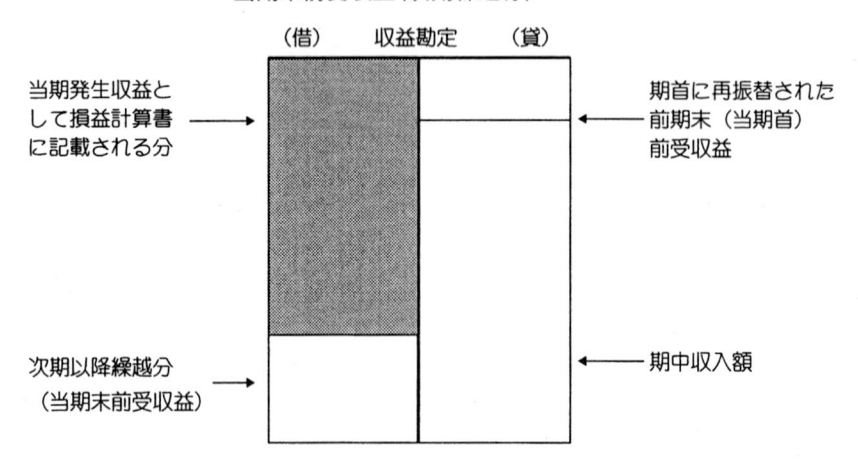

(借)　　収益勘定　　(貸)

当期発生収益として損益計算書に記載される分　→

←　期首に再振替された前期末（当期首）前受収益

次期以降繰越分（当期末前受収益）　→

←　期中収入額

　なお，前受収益は次のように定義されている（企業会計原則注解，注5，(2)）。
「前受収益は，一定の契約に従い，継続して役務の提供を行う場合，いまだ提供していない役務に対し支払を受けた対価をいう。」

第3節　収益・費用の見越し
－未払費用・未収収益の処理－

◆1　未払費用の見越し計算

　決算日現在において，費用に属する諸勘定に，すでに当期分の費用が発生しているにもかかわらず，その支払いが行われていない場合，その未払い分は当期の費用として追加計上するとともに，**未払費用勘定**（負債）の貸方に記録され，次期に繰り越すことが必要とされる。これを費用の見越しといい，次期に繰り越された金額は，翌期首において再振替仕訳を行うことにより，再びもとの費用勘定に戻される。

(1) **決算時**―費用の見越しを行う。費用の追加計上

　　（借）費　用　勘　定　×××　　（貸）未払費用（負債）　×××

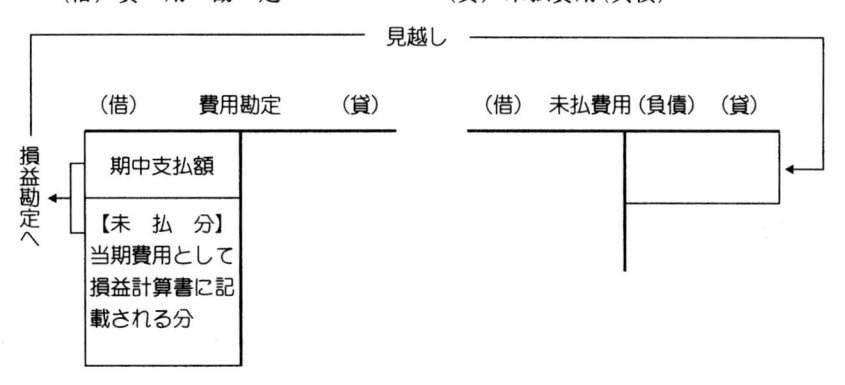

```
                         ―――― 見越し ――――
   （借）   費用勘定   （貸）    （借）  未払費用（負債） （貸）

損  ┃  期中支払額         ┃                            ┃
益  ┃                    ┃                            ┃
勘  ┃ 【未 払 分】        ┃                            ┃
定  ┃ 当期費用として      ┃                            ┃
へ  ┃ 損益計算書に記      ┃                            ┃
    ┃ 載される分          ┃                            ┃
```

(2) **翌期首**―再振替仕訳を行う。

　　（借）未払費用（負債）　×××　　（貸）費　用　勘　定　×××

```
(借)   費用勘定   (貸)                (借) 未払費用(負債) (貸)
┌─────────────┐                    ┌─────────────┐
│             │ ←── 再振替 ──      │             │ 前期から繰り
│             │                    │             │ 越された分
└─────────────┘                    └─────────────┘
```

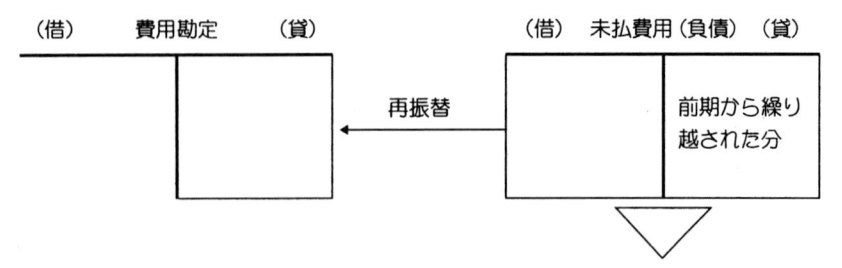

再振替仕訳により，翌期首に未払費用勘定は貸借同額となり，消去される。

例題 9 − 3

伊香保商店の次の一連の取引の仕訳を示しなさい。

12／31　決算に際して，借入金利息の未払分（3カ月分）¥90,000の整理，費用の見越計算を行った。

　　　　なお，上記のほか，当期の費用に属する支払利息¥270,000があり，その合計額を損益勘定に振り替えた。

1／1　再振替仕訳を行った。

解　答

12／31　(借) 支 払 利 息　　90,000　(貸) 未 払 利 息　　90,000
　　　　(借) 損　　　　益　 360,000　(貸) 支 払 利 息　 360,000
1／1　　(借) 未 払 利 息　　90,000　(貸) 支 払 利 息　　90,000

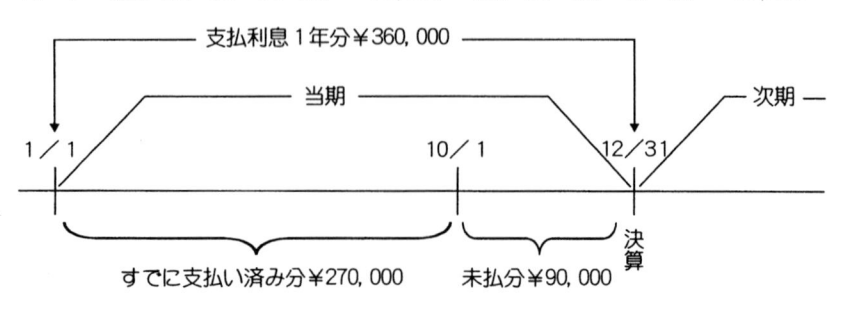

```
          ┌──── 支払利息1年分¥360,000 ────┐
          │            当期                │         次期
          ↓                                ↓
         1/1                10/1         12/31
    ─────┼──────────────────┼────────────┼──────────
                                          決算
         └── すでに支払い済み分¥270,000 ──┘└未払分¥90,000┘
```

第9章 損益の整理

精 算 表

勘定科目	試算表 借方	試算表 貸方	修正記入 借方	修正記入 貸方	損益計算書 借方	損益計算書 貸方	貸借対照表 借方	貸借対照表 貸方
支払利息	270,000		90,000		360,000			
未払利息				90,000				90,000

```
         (借)         支 払 利 息              (貸)
              諸   口    270,000  12/31 損   益    360,000
     ┌ 12/31 支払利息     90,000
     │                   360,000                   360,000
     │                           1/1 未払利息       90,000
     │                    ↑
     │                    再振替仕訳
  見 │    (借)         未 払 利 息              (貸)
  越 │ 12/31 次期繰越     90,000  12/31 支払利息    90,000 ◄
  し │ 1/1 支払利息       90,000   〃  前期繰越    90,000
     └
```

ちなみに，費用の見越計算が行われる費用勘定において，当期の損益計算にかかわらしめる当期発生費用は，以下のように計算されることになる。

当期発生費用＝期中支払額＋当期末未払費用（見越計上分）
　　　　　　　－前期末（当期首）未払費用（再振替分）

[図：費用勘定]
- （借）期中支払額
- （借）当期末見越計上分（当期末未払費用）
- （貸）期首に再振替された前期末（当期首）未払費用
- （貸）当期発生費用として損益計算書に記載される分

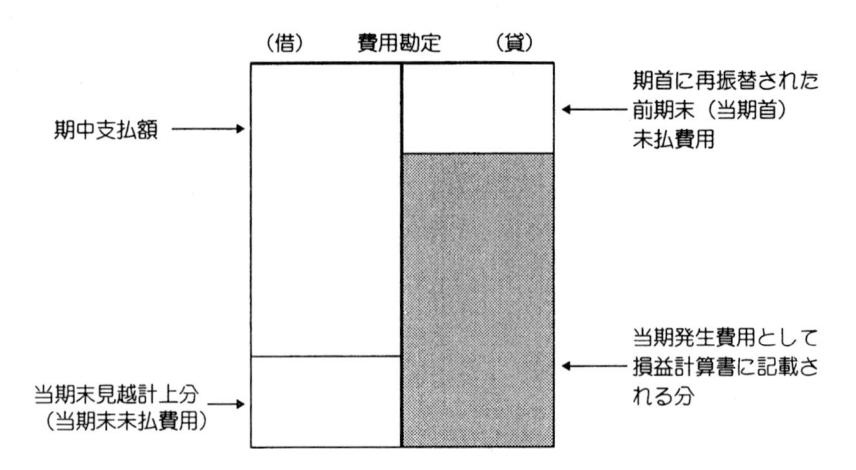

これに加えて，第2節，1に述べた前払費用をも考慮して，費用勘定に関する経過勘定項目を整理すれば，次のようになる。

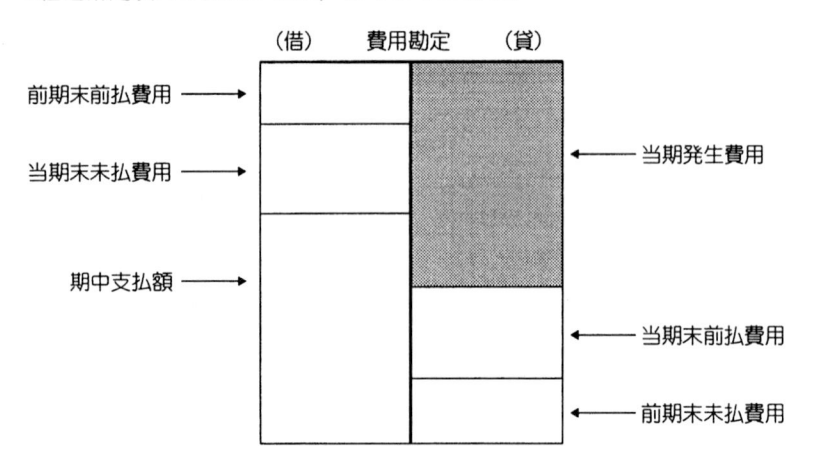

[図：費用勘定]
- （借）前期末前払費用
- （借）当期末未払費用
- （借）期中支払額
- （貸）当期発生費用
- （貸）当期末前払費用
- （貸）前期末未払費用

なお，未払費用は次のように定義されている（企業会計原則注解，注5，(3)）。
「未払費用は，一定の契約に従い，継続して役務の提供を受ける場合，既に提供された役務に対していまだその対価の支払が終わらないものをいう。」

◆2　未収収益の見越し計算

決算日現在において，収益に属する諸勘定に，すでに役務の提供しているに

もかかわらず，その収入がなされていない場合，その未収分は当期の収益として追加計上するとともに，**未収収益勘定**（資産）の借方に記録され，次期に繰り越すことが必要とされる。これを収益の見越しといい，次期に繰り越された金額は，翌期首において再振替仕訳を行うことにより，再びもとの収益勘定に戻される。

(1) **決算時**——収益の見越しを行う。収益の追加計上

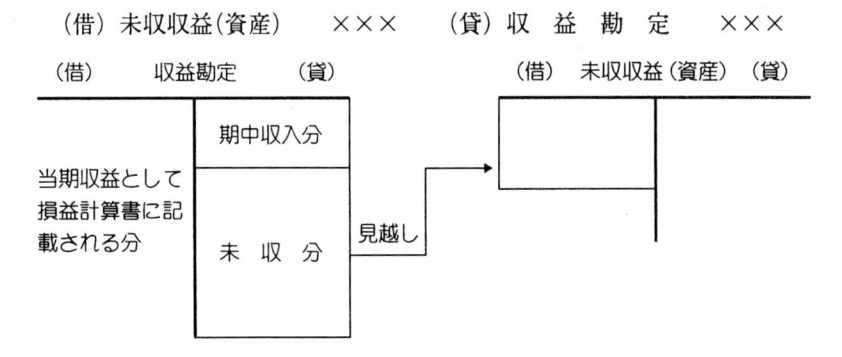

　　　（借）未 収 収 益（資産）　×××　　（貸）収 益 勘 定　×××

（借）	収益勘定	（貸）		（借）	未収収益（資産）	（貸）
	期中収入分					
当期収益として損益計算書に記載される分	未　収　分	見越し→				

(2) **翌期首**——再振替仕訳を行う。

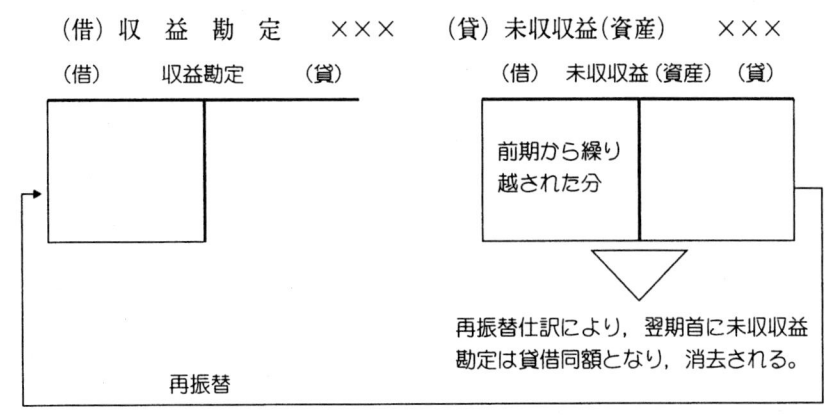

　　　（借）収 益 勘 定　×××　　（貸）未 収 収 益（資産）　×××

（借）	収益勘定	（貸）		（借）	未収収益（資産）	（貸）
				前期から繰り越された分		

再振替仕訳により，翌期首に未収収益勘定は貸借同額となり，消去される。

再振替

例題9－4

谷川商店の次の一連の取引の仕訳を示しなさい。
3／31　決算に際して，家賃の未収分（3カ月分）￥180,000の整理，収益の見越計算を行った。
　　　なお，上記のほか，当期の収益に係る受取家賃￥540,000があり，その合計額を損益勘定に振り替えた。
4／1　再振替仕訳を行った。

解　答

3／31　（借）未 収 家 賃　180,000　（貸）受 取 家 賃　180,000
　　　　（借）受 取 家 賃　720,000　（貸）損　　　　益　720,000
4／1　（借）受 取 家 賃　180,000　（貸）未 収 家 賃　180,000

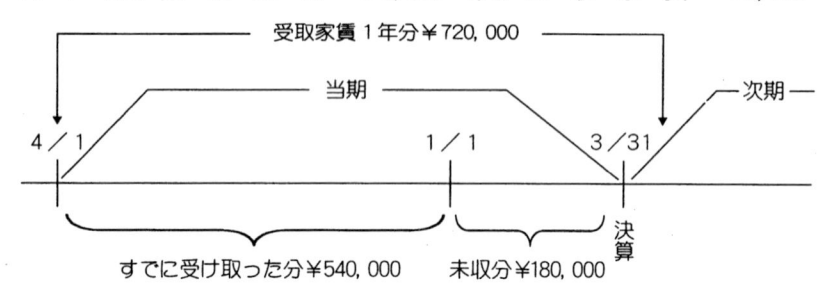

受取家賃1年分￥720,000

当期　　　　　　　　　　　次期

4／1　　　　　　　　　1／1　　3／31

すでに受け取った分￥540,000　未収分￥180,000　決算

精　算　表

勘定科目	試算表		修正記入		損益計算書		貸借対照表	
	借方	貸方	借方	貸方	借方	貸方	借方	貸方
受取家賃		540,000		180,000		720,000		
未収家賃			180,000				180,000	

第9章 損益の整理

```
(借)          受 取 家 賃           (貸)
3/31 損    益   720,000  諸   口        540,000
                        3/31 未 収 家 賃  180,000
                720,000                 720,000
4/1 未 収 家 賃  180,000
```

↓見越し

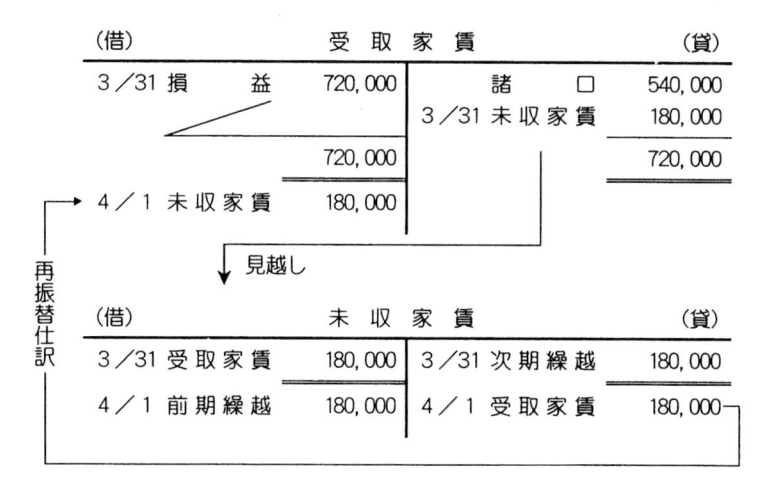

```
(借)          未 収 家 賃           (貸)
3/31 受 取 家 賃 180,000  3/31 次 期 繰 越 180,000
4/1 前 期 繰 越  180,000  4/1 受 取 家 賃  180,000
```

再振替仕訳

　ちなみに，収益の見越計算が行われる収益勘定において，当期発生収益は，以下のように計算される。

当期発生収益＝期中収入額＋当期末未収収益（見越計上分）
**　　　　　　－前期末（当期首）未収収益（再振替分）**

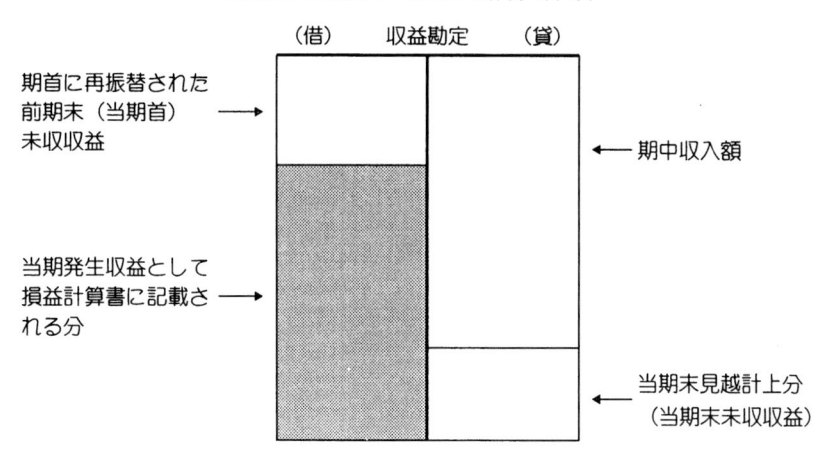

```
        (借)    収益勘定    (貸)
期首に再振替された
前期末（当期首） →
未収収益
                           ← 期中収入額

当期発生収益として
損益計算書に記載さ →
れる分
                           ← 当期末見越計上分
                             （当期末未収収益）
```

　これに加えて，第2節，2に述べた前受収益をも考慮して，収益勘定に関する経過勘定項目を整理すれば，次のようになる。

当期発生収益＝(前期末前受収益＋当期末未収収益)＋期中収入額
　　　　　－(当期末前受収益＋前期末未収収益)

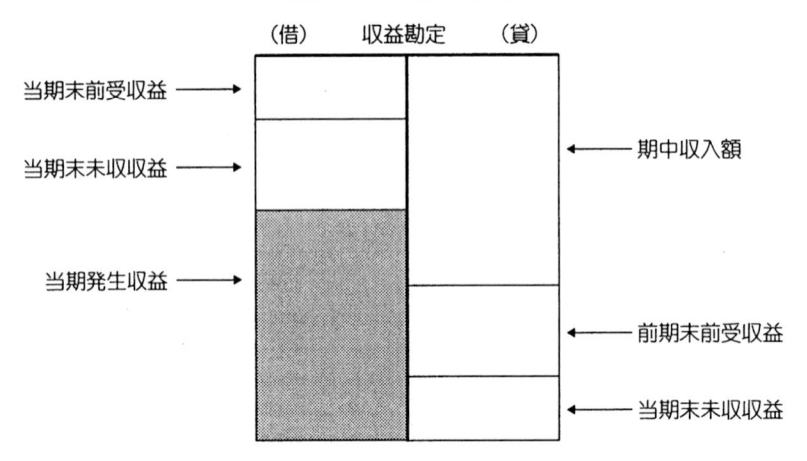

```
              （借）  収益勘定  （貸）

当期末前受収益 →  ┌─────┬─────┐
               │     │     │
               ├─────┤     │
当期末未収収益 →  │     │     │ ← 期中収入額
               │     │     │
               ├─────┼─────┤
当期発生収益  →  │▓▓▓▓▓│     │
               │▓▓▓▓▓├─────┤
               │▓▓▓▓▓│     │ ← 前期末前受収益
               │▓▓▓▓▓├─────┤
               │▓▓▓▓▓│     │ ← 当期末未収収益
               └─────┴─────┘
```

なお、未収収益は次のように定義されている（企業会計原則注解,注5,(4)）。
「未収収益は、一定の契約に従い、継続して役務の提供を行う場合、既に提供した役務に対していまだその対価の支払を受けていないものをいう。」

第9章 損益の整理

❖ 練習問題 8 ❖

次の各設問を仕訳しなさい。

1

(1) 決算にあたり，支払保険料￥32,000のうち，前払分￥8,000を次期に繰り延べた。
(2) 支払保険料の当期分￥24,000を損益勘定に振り替えた。
(3) 翌期首において，前期前払保険料￥8,000を支払保険料勘定に振り戻した。

	借 方	金 額	貸 方	金 額
(1)				
(2)				
(3)				

2

(1) 決算にあたり，受取利息￥48,000のうち，前受分￥16,000を次期へ繰り延べた。
(2) 受取利息の当期分￥32,000を損益勘定に振り替えた。
(3) 翌期首において，前期前受利息￥16,000を受取利息勘定に再振替した。

	借 方	金 額	貸 方	金 額
(1)				
(2)				
(3)				

3

(1) 決算にあたり，当期の未払家賃分￥21,000を計上した。
(2) 支払家賃の当期分￥84,000を損益勘定に振り替えた。
(3) 翌期首において，未払家賃￥21,000を支払家賃勘定に振り戻した。

	借 方	金 額	貸 方	金 額
(1)				
(2)				
(3)				

4

(1) 決算にあたり，当期の受取地代の未収分￥30,000を計上した。
(2) 受取地代の当期分￥60,000を損益勘定に振り替えた。
(3) 翌期首において，未収地代￥30,000を受取地代勘定に再振替した。

	借 方	金 額	貸 方	金 額
(1)				
(2)				
(3)				

解 答

1

(1) （借）前 払 保 険 料　8,000　（貸）支 払 保 険 料　8,000
(2) （借）損　　　　　益　24,000　（貸）支 払 保 険 料　24,000
(3) （借）支 払 保 険 料　8,000　（貸）前 払 保 険 料　8,000

2

(1) （借）受 取 利 息　16,000　（貸）前 受 利 息　16,000
(2) （借）受 取 利 息　32,000　（貸）損　　　　　益　32,000
(3) （借）前 受 利 息　16,000　（貸）受 取 利 息　16,000

3

(1) （借）支 払 家 賃　21,000　（貸）未 払 家 賃　21,000
(2) （借）損　　　　　益　84,000　（貸）支 払 家 賃　84,000
(3) （借）未 払 家 賃　21,000　（貸）支 払 家 賃　21,000

第9章　損益の整理

4

(1) （借）未 収 地 代　30,000　（貸）受 取 地 代　30,000
(2) （借）受 取 地 代　60,000　（貸）損　　　　益　60,000
(3) （借）受 取 地 代　30,000　（貸）未 収 地 代　30,000

精　算　表

勘定科目	試算表		修正記入		損益計算書		貸借対照表	
	借方	貸方	借方	貸方	借方	貸方	借方	貸方
受 取 地 代		30,000		30,000		60,000		
受 取 利 息		48,000	16,000			32,000		
支 払 家 賃	63,000		21,000		84,000			
支 払 保 険 料	32,000			8,000	24,000			
前 払 保 険 料			8,000				8,000	
前 受 利 息				16,000				16,000
未 収 地 代			30,000				30,000	
未 払 家 賃				21,000				21,000

（田中　薫）

第10章

決　算

第1節　決算手続き

◆1　決算の意味

　企業は継続して経営活動を行っており，それにともなってさまざまな取引が行われている。簿記では，日々行われる取引を仕訳し，仕訳帳に記入したのち，元帳に転記することにより，資産・負債・純資産の増減や収益・費用の発生を記録・計算する。

　継続的に行われている帳簿記録は，期間を区切ることにより，ある会計期間中の経営成績を確定し，期末時点における財政状態を明らかにすることができる。一会計期間が終了した時点（期末）で，総勘定元帳をはじめとするすべての帳簿を締め切り，財務諸表（貸借対照表，損益計算書）を作成することを**決算**という。また，決算を行う日を**決算日**という。

◆2　決算手続きの手順

　決算手続きを簿記一巡において位置付けると，図10－1のようになる。
　決算手続きは，一般的には⑴決算予備手続き，⑵決算本手続き，⑶財務諸表の作成という手順からなる。
　まず，決算に先立って試算表（決算整理前試算表）を作成し，期中取引が過不足なく正確に行われているかどうかを検証する。次に，先に作成した試算表の記録と実際の有高との差異を一覧表にした棚卸表を作成する。

この試算表と棚卸表をもとに，決算は行われる。まず，決算整理事項を仕訳し，総勘定元帳の各勘定に転記する。そのあと，すべての帳簿を締め切り，財務諸表（貸借対照表，損益計算書）が作成できる。

　試算表と棚卸表から貸借対照表・損益計算書を作成するまでの，この一連の作業を一覧表にしたものが**精算表**である。

図10－1　決算手続き

```
                              精算表の作成
                        ┌─────────────────┐
                        ↓                 ↓
取  ⇒ 仕  ⇒ 総勘    ⇒ (1)           ⇒ (2)          ⇒ (3)
引    訳    定元       決算予備手続き    決算本手続き     財務諸表の作成
      帳    帳
(仕訳)(転記)          ①試算表の作成    ①決算整理       ①貸借対照表の作成
                      ②棚卸表の作成    ②決算仕訳       ②損益計算書の作成
                                      ③帳簿締切

    |← 期中手続き →|←――― 決算手続き ―――→|
```

〔決算手続き〕
- (1) 決算予備手続き
    - ① 試算表の作成（第2章第3節参照）
    - ② 棚卸表の作成
- (2) 決算本手続き
    - ① 決算整理
    - ② 決算仕訳
    - ③ 帳簿の締切り
- (3) 財務諸表の作成
    - 貸借対照表・損益計算書の作成

決算は，上記(1)→(2)→(3)の順に行われ，最終的には財務報告書たる財務諸表（貸借対照表・損益計算書）が作成される。

◆3　決算整理と棚卸表の作成

期中に取引が行われると，最初に仕訳帳に記入し，それから元帳に転記する。そして，期末に総勘定元帳のすべての勘定残高を集計し，計算の正確性を検証するため試算表を作成する（試算表の具体的な作成手順は，第2章第3節を参照されたい）。

次に，各勘定残高の内容を調査し，期末時点での実際在高や発生高と各勘定の帳簿残高の相違を明らかにする。実際在高や発生高と各勘定の帳簿残高が異なっているもの，または全く記録されていないものについて，その記録を修正したり，新たに記録したりしなければならない。この作業を**決算整理**といい，決算整理に際して行われる仕訳を**決算整理仕訳**という。

決算整理を必要とする項目は，**決算整理事項**と呼ばれ，その主なものは，次図（図10-2）のようなものがある。

図10－2　決算整理事項のまとめ

決算整理事項	決　算　整　理　仕　訳			
期末商品有高 [仕入勘定で処理] 期首商品棚卸高 期末商品棚卸高	(仕　　　　入) (繰　越　商　品)	×××　 ×××	(繰　越　商　品) (仕　　　　入)	××× ×××
[売上原価勘定で処理] 期首商品棚卸高 期末商品棚卸高	(売　上　原　価) (売　上　原　価) (繰　越　商　品)	××× ××× ×××	(仕　　　　入) (繰　越　商　品) (売　上　原　価)	××× ××× ×××
貸倒引当金の設定 [差額補充法]	(貸倒引当金繰入)	×××	(貸　倒　引　当　金)	×××
[洗替法または戻入法]	(貸　倒　引　当　金) (貸倒引当金繰入)	××× ×××	(貸倒引当金戻入) (貸　倒　引　当　金)	××× ×××
固定資産の減価償却 [直　接　法]	(減　価　償　却　費)	×××	(各固定資産の勘定科目)	×××
[間　接　法]	(減　価　償　却　費)	×××	(○○減価償却累計額)	×××
有価証券の評価 [評価損の場合]	(有価証券評価損)	×××	(有　価　証　券)	×××
[評価益の場合]	(有　価　証　券)	×××	(有価証券評価益)	×××
消耗品の処理 [費用処理法]	(消　耗　品)	×××	(消　耗　品　費)	×××
[資産処理法]	(消　耗　品　費)	×××	(消　耗　品)	×××
現金過不足の整理 [借方残の場合]	決算日において，原因が不明な場合 (雑　　　　損)　×××		(現　金　過　不　足)	×××
[貸方残の場合]	(現　金　過　不　足)	×××	(雑　　　　益)	×××
引出金の整理	(資　本　金)	×××	(引　出　金)	×××
収益の見越し 〃　繰延べ 費用の見越し 〃　繰延べ	(未　収　利　息) (受　取　利　息) (支　払　利　息) (前　払　利　息)	××× ××× ××× ×××	(受　取　利　息) (前　受　利　息) (未　払　利　息) (支　払　利　息)	××× ××× ××× ×××

　上記（図10－2）に示した決算整理事項を，一覧表にしたものを**棚卸表**という。決算整理仕訳は，棚卸表の記録にもとづいて行われる。

第10章 決　算

例題10－1

次の霧島商店の総勘定元帳残高および棚卸表から，決算整理仕訳および精算表の記入を行いなさい。

総勘定元帳残高

繰 越 商 品	¥ 250,000	仕　　入	¥1,000,000
売　　上	¥2,500,000	貸倒引当金	¥ 4,000

棚　卸　表

平成〇年〇月〇日

勘定科目	摘　　　　要	内　訳	金　額
繰 越 商 品	A 品　100個　＠¥1,000	100,000	
	B 品　200個　＠¥1,000	200,000	300,000
売 掛 金	期末残高	100,000	
	貸倒引当金（売掛金残高の5％）¥5,000		
	貸倒引当金残高　　　　　　¥ 4,000	5,000	95,000
備　　品	取得原価	100,000	
	当期減価償却費　　　　　¥ 2,000		
	減価償却累計額　　　　　¥ 10,000	12,000	88,000

解　答

(1) （借）仕　　　　入　　250,000　　（貸）繰　越　商　品　　250,000
　　　　　繰　越　商　品　300,000　　　　　仕　　　　入　　300,000
　　＊　期首商品棚卸高を期末商品棚卸高に変更するための仕訳
(2) （借）貸倒引当金繰入　　1,000　　（貸）貸 倒 引 当 金　　1,000
　　＊　差額補充法による貸倒引当金設定金額（100,000×5％－4,000）＝1,000
(3) （借）減 価 償 却 費　　2,000　　（貸）備品減価償却累計額　　2,000

上記の決算整理仕訳を，精算表に示すと次のようになる。

精算表
平成○年3月31日

	勘定科目	試算表 借方	試算表 貸方	修正記入 借方	修正記入 貸方	損益計算書 借方	損益計算書 貸方	貸借対照表 借方	貸借対照表 貸方
(1)	繰越商品	250,000		300,000	250,000			300,000	
	売上		2,500,000				2,500,000		
	仕入	1,000,000		250,000	300,000	950,000			
	〜〜〜								
(2)	売掛金	100,000						100,000	
	貸倒引当金		4,000		1,000				5,000
	貸倒引当金繰入			1,000		1,000			
	〜〜〜								
(3)	備品	100,000						100,000	
	減価償却累計額		10,000		2,000				12,000
	減価償却費			2,000		2,000			

例題10－2

次の決算整理前残高試算表と棚卸表の記載にもとづいて，入来商店の決算整理仕訳を行いなさい（決算年1回3月31日）。

決算整理前残高試算表
平成○年3月31日

借方	勘定科目	貸方
645,000	現金	
	現金過不足	37,000
300,000	売掛金	
	貸倒引当金	2,000
500,000	有価証券	
200,000	繰越商品	
80,000	消耗品	
10,000	仮払金	
1,000,000	備品	
	買掛金	200,000
	借入金	480,000

第10章 決　　算

	備品減価償却累計額	121,500
	資　　本　　金	3,000,000
10,000	引　　出　　金	
	売　　　　　　上	1,200,000
	受　取　利　息	4,500
660,000	仕　　　　　　入	
800,000	給　　　　　　料	
840,000	支　払　家　賃	
5,045,000		5,045,000

棚　　卸　　表
平成〇年3月31日

勘定科目	摘　　　　　要	内　訳	金　額
繰越商品	A商品　200個　＠¥1,000	200,000	
	B商品　100個　＠¥ 800	80,000	280,000
売掛金	売掛金の期末残高　　　　¥300,000	300,000	
	貸倒引当金（売掛金の3％を設定）		
	¥ 9,000	9,000	
	貸倒引当金の残高　　　　¥ 2,000		291,000
有価証券	A社株式　1,000株　＠¥ 500	500,000	
	期末評価　1,000株　＠¥ 150	150,000	350,000
備　品	取得原価	1,000,000	
	減価償却累計額　　　　¥121,500		
	当期減価償却費　　　　¥ 13,500	135,000	865,000
前払家賃	2カ月分　1カ月分　¥60,000		120,000
未収利息	3カ月分　1カ月分　¥ 500		1,500
仮払金	B店に対する買掛金の回収		10,000
消耗品	消耗品の期末残高		20,000
現金過不足	現金過不足は原因が不明なため，雑益として処理を行う。		37,000

解　答

①	（借）仕　　　　入	200,000	（貸）繰　越　商　品	200,000
	（借）繰　越　商　品	280,000	（貸）仕　　　　入	280,000

＊　期首商品棚卸高を期末商品棚卸高に変更する決算仕訳
② （借）貸倒引当金繰入　　7,000　　（貸）貸 倒 引 当 金　　7,000
　　　＊　売掛金の残高¥300,000の3％（¥300,000×3％＝¥9,000）貸倒引当金を設定する。ただし，貸倒引当金の残高が¥2,000であるので，その差額（¥9,000－¥2,000＝¥7,000）を繰り入れる。
③ （借）有価証券評価損　350,000　　（貸）有 価 証 券　350,000
　　　＊　（@¥500－@¥150）×1,000株＝¥350,000
④ （借）減 価 償 却 費　　13,500　　（貸）備品減価償却累計額　13,500
⑤ （借）前 払 家 賃　　120,000　　（貸）支 払 家 賃　120,000
⑥ （借）未 収 利 息　　1,500　　（貸）受 取 利 息　　1,500
⑦ （借）買 掛 金　　10,000　　（貸）仮 払 金　　10,000
⑧ （借）消 耗 品 費　　60,000　　（貸）消 耗 品　　60,000
　　＊　消耗品¥80,000と期末残高¥20,000との差額¥60,000を当期の消耗品使用分（消耗品費）として計上する。
　　　つまり，残高試算表に消耗品勘定が計上されているときは，資産処理法と判断し，期末に下記の仕訳を行う。
　　　（借）消 耗 品 費　　×××　　（貸）消 耗 品　　×××
　　＊　残高試算表に消耗品費勘定が計上されているときは，費用処理法と判断し，期末に下記の仕訳を行う。
　　　（借）消 耗 品　　×××　　（貸）消 耗 品 費　　×××
⑨ （借）現 金 過 不 足　　37,000　　（貸）雑　　　　益　　37,000
⑩ （借）資 本 金　　10,000　　（貸）引 出 金　　10,000

例題10－3

　例題10－2 の入来商店の決算整理前残高試算表と棚卸表により，決算整理を行い，決算整理後の残高試算表を作成しなさい（決算年1回3月31日）。

解答

決算整理後残高試算表
平成○年3月31日

借　　方	勘　定　科　目	貸　　方
645,000	現　　　　　　金	
300,000	売　　掛　　金	
	貸　倒　引　当　金	9,000
150,000	有　価　証　券	
280,000	繰　越　商　品	
20,000	消　　耗　　品	
120,000	前　払　家　賃	
1,500	未　収　利　息	
1,000,000	備　　　　　　品	
	買　　掛　　金	190,000
	借　　入　　金	480,000
	備品減価償却累計額	135,000
	資　　本　　金	2,990,000
	売　　　　　　上	1,200,000
	受　取　利　息	6,000
	雑　　　　　　益	37,000
580,000＊	仕　　　　　　入	
800,000	給　　　　　　料	
60,000	消　耗　品　費	
720,000	支　払　家　賃	
7,000	貸　倒　引　当　金　繰　入	
13,500	減　価　償　却　費	
350,000	有　価　証　券　評　価　損	
5,047,000		5,047,000

＊　決算整理後残高試算表における仕入は，当期の純仕入高ではなく，売上原価（期首商品棚卸高＋当期純仕入高－期末商品棚卸高）をさす。
　つまり，仕入（売上原価）は，下記の計算式で求められる。
　　¥580,000＝¥200,000＋¥660,000－¥280,000

◆4 精算表の作成

　残高試算表の記録を期末時点の実際有高に修正する決算整理手続きを棚卸表にもとづいて行い，財務諸表（貸借対照表，損益計算書）を作成する一連の手続きを一覧表にしたものが，精算表である。

　精算表には，6桁精算表，8桁精算表，10桁精算表があるが，最も一般的と思われる8桁精算表のフォームを示すと下記のようになる。

精 算 表
平成○年3月31日

勘定科目	試算表		修正記入		損益計算書		貸借対照表	
	借方	貸方	借方	貸方	借方	貸方	借方	貸方
現　　金								
受取手形								
売掛金								
⋮								

　8桁精算表は以下の手順で作成する。

| 試算表欄の記入 | 残高試算表から試算表の欄へ，各勘定の金額を書き移して締め切る。 |

⇩

| 修正記入欄の記入 | 決算整理仕訳を行い，その結果を修正記入欄に記載する。 |

⇩

| 損益計算書欄・貸借対照表欄の記入 | 試算表欄の金額に修正記入欄の金額を加算し，損益計算表・貸借対照表欄に金額を記入する。 |

第10章 決　算

```
  ⬇
┌─────────────┐   ⎛試算表欄と修正記入欄の貸借同じ側に金額が記⎞
│当期純利益（損失）│   ⎜載されている時→（試算表の金額＋修正記入欄⎟
│の計算       │   ⎜の金額）                            ⎟
└─────────────┘   ⎜試算表欄と修正記入欄の貸借反対側に金額が記⎟
  ⬇              ⎜載されている時→（試算表の金額－修正記入欄⎟
┌─────────────┐   ⎝の金額）                            ⎠
│損益計算書欄・貸 │   
│借対照表欄の締切 │   損益計算書と貸借対照表の当期純利益（損失）の金
│り           │   額は必ず一致する。
└─────────────┘   損益計算書欄，貸借対照表欄を締め切る。
                 その際，各欄の借方と貸方の合計金額は，常に一致
                 することに留意する。
```

┌───┐
│ 例題10－4   │
│　　例題10－2 の入来商店の決算整理前残高試算表と棚卸表により，決算│
│ 整理を行い，精算表を作成しなさい（決算年1回3月31日）。   │
└───┘

解 答

精 算 表
平成○年3月31日

勘定科目	試算表 借方	試算表 貸方	修正記入 借方	修正記入 貸方	損益計算書 借方	損益計算書 貸方	貸借対照表 借方	貸借対照表 貸方
現　　　金	645,000						645,000	
現金過不足		37,000	37,000					
売　掛　金	300,000						300,000	
貸倒引当金		2,000		7,000				9,000
有価証券	500,000			350,000			150,000	
繰越商品	200,000		280,000	200,000			280,000	
消耗品	80,000			60,000			20,000	
仮　払　金	10,000			10,000				
備　　　品	1,000,000						1,000,000	
買　掛　金		200,000	10,000					190,000
借　入　金		480,000						480,000
備品減価償却累計額		121,500		13,500				135,000
資　本　金		3,000,000	10,000					2,990,000
引　出　金	10,000			10,000				
売　　　上		1,200,000				1,200,000		
受取利息		4,500		1,500		6,000		
仕　　　入	660,000		200,000	280,000	580,000			
給　　　料	800,000				800,000			
支払家賃	840,000			120,000	720,000			
	5,045,000	5,045,000						
有価証券評価損			350,000		350,000			
貸倒引当金繰入			7,000		7,000			
減価償却費			13,500		13,500			
前払家賃			120,000				120,000	
未収利息			1,500				1,500	
雑　　　益				37,000		37,000		
消耗品費			60,000		60,000			
当期純損失						1,287,500	1,287,500	
			1,089,000	1,089,000	2,530,500	2,530,500	3,804,000	3,804,000

◆5　帳簿の締切り

　決算本手続きでは，すべての帳簿（仕訳帳，元帳，補助簿）を締め切る。決算日に一度すべての帳簿を締め切り，期末時点における資産・負債・純資産（資本）の各勘定金額の記録，および次期繰越金額の計算，また，当期における費用，収益の金額の確定，計算を行う。帳簿の締切り方法には，英米式，大陸式の2方法があるが，日本では英米式が一般的であるため，ここではすべて英米式で説明を行う。

図10－2　帳簿の締切り方法の手順

貸借対照表勘定科目の締切り　→　差額は次期繰越で締め切る（赤字記入）　→　繰越試算表の作成（貸借合計金額一致）

損益計算書勘定科目の締切り　→　損益勘定へ振替　→　差額を資本金勘定へ振替　→　資本金勘定の締切り（差額金額は次期繰越）

　元帳を決算日に締め切る場合には，図10－2で示したように，貸借対照表勘定科目（資産・負債・純資産（資本））と損益計算書勘定科目（費用・収益）では締切り方法が大きく異なる。

　貸借対照表勘定科目は，決算日における残高を「次期繰越」として朱記して，締め切る。「次期繰越」は，資産勘定に関しては貸方に，負債・純資産勘定においては借方に記載される。

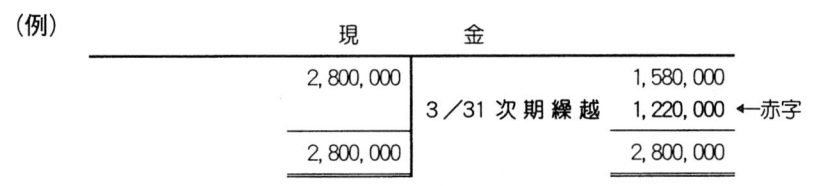

（例）

	現	金		
	2,800,000		1,580,000	
		3／31 次 期 繰 越	1,220,000	←赤字
	2,800,000		2,800,000	

　次に損益計算書勘定科目（費用・収益）を締め切る。決算振替仕訳をし，すべての費用・収益勘定の金額を損益勘定に振り替えて締め切る。

　すべての費用・収益勘定が損益勘定に振り替えられることによって，損益勘

定において，一会計期間の損益（当期純利益または当期純損失）を計算することができる。よって，損益勘定は，総勘定元帳の一勘定であるが，意味的には損益計算書と同様である。

損益勘定の貸借差額は，当期純利益または当期純損失であり，資本金増減をあらわすこととなるため，資本金勘定に振り替える。資本金勘定は，貸借対照表勘定科目の締切りと同様に，差額を次期繰越と朱記して締め切る。

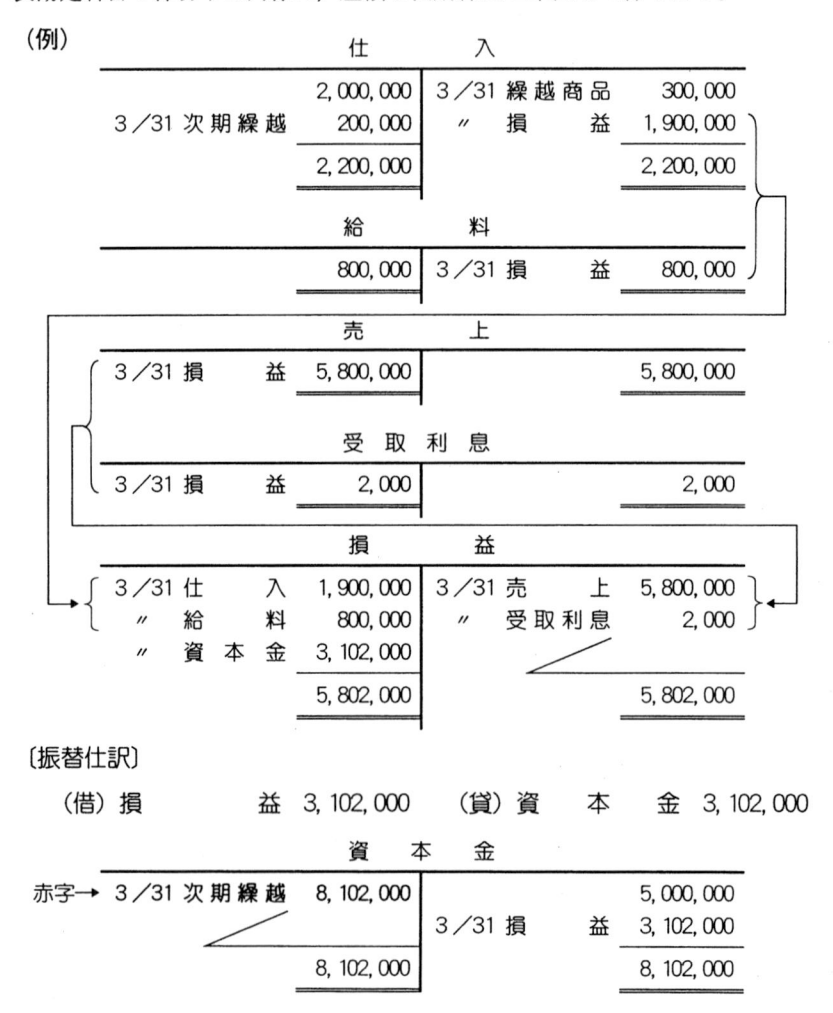

（例）

仕　　入

	2,000,000	3/31 繰越商品	300,000
3/31 次期繰越	200,000	〃　損　　益	1,900,000
	2,200,000		2,200,000

給　　料

	800,000	3/31 損　　益	800,000

売　　上

3/31 損　　益	5,800,000		5,800,000

受　取　利　息

3/31 損　　益	2,000		2,000

損　　益

3/31 仕　　入	1,900,000	3/31 売　　上	5,800,000
〃　給　　料	800,000	〃　受取利息	2,000
〃　資　本　金	3,102,000		
	5,802,000		5,802,000

〔振替仕訳〕

　　（借）損　　　　益　3,102,000　　（貸）資　　本　　金　3,102,000

資　本　金

赤字→ 3/31 次期繰越	8,102,000		5,000,000
		3/31 損　　益	3,102,000
	8,102,000		8,102,000

第10章 決算

この一連の帳簿締切りの中で発生する次期繰越の金額を一覧表にしたものが，**繰越試算表**である。英米式では，貸借対照表勘定科目は仕訳帳を介さず直接締め切るため，締切り手続きの正確性を検証するため，繰越試算表を作成する。繰越試算表は，借方に資産項目，貸方に負債と純資産（資本）項目を記入し，決算日における資産，負債，純資産（資本）の実際有高を示すため，貸借対照表と同様の意味を持つ。

（例）

繰 越 試 算 表

借　　方	勘　定　科　目	貸　　方
200,000	現　　　　　　金	
100,000	当　座　預　金	
80,000	売　　掛　　金	
⋮	⋮	
×××		×××

貸借合計は必ず一致

例題10－5

次の指宿商店の決算整理事項および元帳の記録により，決算手続きに必要な仕訳を行い，転記して諸勘定を締め切り，繰越試算表を作成しなさい。
なお，決算日は毎年3月31日とする。

〈決算整理事項〉

(1) 期末商品棚卸高　￥400,000
(2) 貸倒引当金　売掛金残高の2％に訂正（差額補充法による）
(3) 売買目的有価証券を￥800,000に評価替えする。
(4) 建物の減価償却　残存価額10％　耐用年数10年（定額法による）
(5) 消耗品の未使用高　￥2,000
(6) 家賃の前払高　￥20,000
(7) 引出金は整理する

現　　金	
8,000,000	2,000.000

売　掛　金	
1,500,000	300,000

貸倒引当金	
	20,000

有価証券	
1,000,000	

繰越商品	
300,000	

建　　物	
2,000,000	

建物減価償却累計額	
	360,000

第10章 決　算

```
          買　掛　金
─────────────────────────────
                      415,000

          借　入　金
─────────────────────────────
                      200,000

          引　当　金
─────────────────────────────
   50,000

          資　本　金
─────────────────────────────
                    9,000,000


          売　　　上
─────────────────────────────
  500,000            7,500,000


          受　取　利　息
─────────────────────────────
                        5,000

          仕　　　入
─────────────────────────────
 4,200,000


          給　　　料
─────────────────────────────
 2,000,000

          支　払　家　賃
─────────────────────────────
   200,000
```

貸倒引当金繰入

減価償却費

消耗品費
50,000

有価証券評価損

消耗品

前払家賃

損　　　益

第10章 決　算

繰越試算表

借　方	勘定科目	貸　方

解　答

〔決算整理仕訳〕

(1)	(借)	仕　　　　　入	300,000	(貸)	繰　越　商　品	300,000
		繰　越　商　品	400,000		仕　　　　　入	400,000
(2)	(借)	貸倒引当金繰入	4,000	(貸)	貸　倒　引　当　金	4,000
(3)	(借)	有価証券評価損	200,000	(貸)	有　価　証　券	200,000
(4)	(借)	減　価　償　却　費	180,000	(貸)	建物減価償却累計額	180,000
(5)	(借)	消　耗　品	2,000	(貸)	消　耗　品　費	2,000
(6)	(借)	前　払　家　賃	20,000	(貸)	支　払　家　賃	20,000
(7)	(借)	資　本　金	50,000	(貸)	引　出　金	50,000

〔決算振替仕訳〕

(1)	(借)	売　　　　　上	7,000,000	(貸)	損　　　　　益	7,005,000
		受　取　利　息	5,000			

(2) （借）損　　　益　6,712,000　（貸）仕　　　　入　4,100,000
　　　　　　　　　　　　　　　　　　給　　　　料　2,000,000
　　　　　　　　　　　　　　　　　　支　払　家　賃　　180,000
　　　　　　　　　　　　　　　　　　減　価　償　却　費　180,000
　　　　　　　　　　　　　　　　　　消　耗　品　費　　48,000
　　　　　　　　　　　　　　　　　　貸倒引当金繰入　　4,000
　　　　　　　　　　　　　　　　　　有価証券評価損　200,000
(3) （借）損　　　益　293,000　（貸）資　本　金　293,000

現　　金

	8,000,000		2,000,000
		3/31 次期繰越	6,000,000
	8,000,000		8,000,000

売　掛　金

	1,500,000		300,000
		3/31 次期繰越	1,200,000
	1,500,000		1,500,000

貸　倒　引　当　金

3/31 次期繰越	24,000		20,000
		3/31 貸倒引当金繰入	4,000
	24,000		24,000

有　価　証　券

	1,000,000	3/31 有価証券評価損	200,000
		〃　次期繰越	800,000
	1,000,000		1,000,000

繰　越　商　品

	300,000	3/31 仕　　入	300,000
3/31 仕　入	400,000	〃　次期繰越	400,000
	700,000		700,000

建　物

	2,000,000	3/31 次期繰越	2,000,000

建物減価償却累計額

3/31 次期繰越	540,000		360,000
		3/31 減価償却費	180,000
	540,000		540,000

買　掛　金

3/31 次期繰越	415,000		415,000

借　入　金

3/31 次期繰越	200,000		200,000

引　出　金

	50,000	3/31 資本金	50,000

資　本　金

3/31 引出金	50,000		9,000,000
〃　次期繰越	9,243,000	3/31 損　益	293,000
	9,293,000		9,293,000

売　上

	500,000		7,500,000
3/31 損　益	7,000,000		
	7,500,000		7,500,000

受　取　利　息

3/31 損　益	5,000		5,000

仕　入

	4,200,000	3/31 次期繰越	400,000
3/31 次期繰越	300,000	〃　損　益	4,100,000
	4,500,000		4,500,000

	給	料	
	2,000,000	3/31 損　益	2,000,000

	支　払　家　賃		
		3/31 前払家賃	20,000
		〃　 損　益	180,000
	200,000		200,000

	貸倒引当金繰入		
3/31 貸倒引当金	4,000	3/31 損　益	4,000

	減　価　償　却　費		
3/31 建物減価償却累計額	180,000	3/31 損　益	180,000

	消　耗　品　費		
	50,000	3/31 消　耗　品	2,000
		〃　 損　益	48,000
	50,000		50,000

	有価証券評価損		
3/31 有価証券	200,000	3/31 損　益	200,000

	消　耗　品		
3/31 消耗品費	2,000	3/31 次期繰越	2,000

	前　払　家　賃		
3/31 支払家賃	20,000	3/31 次期繰越	20,000

損　益

3/31	仕　　入	4,100,000	3/31	売　　上	7,000,000
〃	給　　料	2,000,000	〃	受取利息	5,000
〃	支払家賃	180,000			
〃	減価償却費	180,000			
〃	消耗品費	48,000			
〃	貸倒引当金繰入	4,000			
〃	有価証券評価損	200,000			
〃	資 本 金	293,000			
		7,005,000			7,005,000

繰越試算表

借　方	勘定科目	貸　方
6,000,000	現　　　　　金	
1,200,000	売　　掛　　金	
	貸 倒 引 当 金	24,000
800,000	有　価　証　券	
400,000	繰　越　商　品	
2,000	消　耗　　　品	
20,000	前　払　家　賃	
2,000,000	建　　　　　物	
	建物減価償却累計額	540,000
	買　　掛　　金	415,000
	借　　入　　金	200,000
	資　　本　　金	9,243,000
10,422,000		10,422,000

【解　説】

〔決算整理仕訳〕

(1) 期首繰越商品の金額は，総勘定元帳の繰越商品勘定に示されている。

(2) 売掛金勘定残高（¥1,500,000−¥300,000）の２％を貸倒引当金として設定する。

　　（¥1,500,000−¥300,000）×２％＝¥24,000

　　貸倒引当金の元帳残高が¥20,000あるため，¥24,000−¥20,000＝¥4,000

となる。

(3) 有価証券￥1,000,000（帳簿残高）は期末に時価評価する。

￥1,000,000－￥800,000＝￥200,000（有価証券評価損）

(4) 当期の減価償却費は下記のように計算できる。

（￥2,000,000－￥2,000,000×10%）÷10年＝￥180,000
　　　　　　　　残存価額　　　　　耐用年数

(5) 消耗品は費用勘定処理法である。よって、消耗品の未使用分は消耗品勘定（資産）へ振り替える処理を行う。

(6) 支払家賃￥200,000のうち、￥20,000は次期の家賃であり、前払家賃（資産）として繰り越す。

(7) 引出金は、資本金の減少として処理を行い、次期に繰り越されることはない。

　上記の決算整理仕訳が行われた後、それらは総勘定元帳に転記し、締め切る。その際、資産・負債勘定は残高を次期繰越として締め切るため、決算振替仕訳を必要としない。しかし、収益・費用勘定は残高を損益勘定に振り替えて締め切り、その後、損益勘定の残高を資本金勘定へ振り替えるため、決算振替仕訳が必要となる。

　この決算整理仕訳を正確に行い、各元帳に振り替えて締め切ることにより、元帳のすべての勘定を締め切ることができる。

　帳簿を締め切るためのポイントは下記の通りである。

| 資産・負債勘定 | ⇨ 各勘定残高を次期に繰り越す ⇨ 試算表作成 |

| 収益・費用勘定 | ⇨ 発生高を損益勘定へ振り替える ⇨ 残高を資本金勘定へ振替 |
　　　　　　　　　　（決算振替仕訳）　　　　　　　　（決算振替仕訳）

第2節　財務諸表の作成

決算手続きの最後に財務諸表と呼ばれる決算報告書を作成する。その主なものは損益計算書と貸借対照表であるが，その他に利益処分計算書（または損失処理計算書）・財務諸表附属明細表・キャッシュフロー計算書がある。

◆1　損益計算書および貸借対照表の作成

損益計算書は，収益・費用の各勘定および損益勘定の記録をもとに，企業の一会計期間の経営成績を明らかにするために作成する。貸借対照表は資産・負債・純資産（資本）の各勘定と繰越試算表の記録をもとに，一時点での財政状態を明らかにするために作成する。

　　| 損益計算書 | ⇨ 一定期間の経営成績表示
　　　　　　　　　収益・費用の各勘定，損益勘定から作成

　　| 貸借対照表 | ⇨ 一時点の財政状態表示
　　　　　　　　　資産・負債・純資産の各勘定，繰越試算表から作成

例題10－6

　例題10－5 の指宿商店の帳簿記録にもとづき，勘定式の損益計算書と貸借対照表を作成する。

解　答

損 益 計 算 書

指宿商店　　　平成○年4月1日～平成○年3月31日

費　　　用	金　　額	収　　　益	金　　額
仕　　　　入*1	4,100,000	売　　　　上	7,000,000
給　　　　料	2,000,000	受　取　利　息	5,000
支　払　家　賃	180,000		
貸倒引当金繰入	4,000		
減 価 償 却 費	180,000		
消　耗　品　費	48,000		
有 価 証 券 評 価 損	200,000		
当 期 純 利 益*2	293,000		
	7,005,000		7,005,000

*1　ここでの仕入は，売上原価（期首商品棚卸高＋当期純仕入高－期末商品棚卸高）を示す。

*2　損益勘定で計算できる。貸借対照表当期純利益の金額と同様である。

貸 借 対 照 表

指宿商店　　　　　　　　平成○年3月31日

資　　　　産	金　　額	負債・純資産	金　　額
現　　　　金	6,000,000	買　　掛　　金	415,000
売　掛　金(1,200,000)		借　　入　　金	200,000
貸倒引当金(　24,000)	1,176,000	資　　本　　金*3	8,950,000
有　価　証　券	800,000	当 期 純 利 益*4	293,000
繰　越　商　品	400,000		
消　　耗　　品	2,000		
前　払　家　賃	20,000		
建　　　　物(2,000,000)			
減価償却累計額(　540,000)	1,460,000		
	9,858,000		9,858,000

*3　資本金の金額は，期首純資産（資本）－引出金で計算できる。

*4　損益計算書の当期純利益の金額と一致する。

第10章 決　　算

◆2　試算表と財務諸表との関係

試算表には，合計試算表，残高試算表，合計残高試算表の3種類がある（第2章参照）。ここでは，残高試算表を用いて説明する。

一連の決算手続きの中で作成される試算表と財務諸表との関係を図示すると，下記（図10-3）のとおりである。つまり，決算整理前残高試算表を決算整理事項で修正し，決算整理後残高試算表は作成される。この残高試算表をもとに，損益計算書および貸借対照表は作成できる。

図10-3　残高試算表と財務諸表との関係

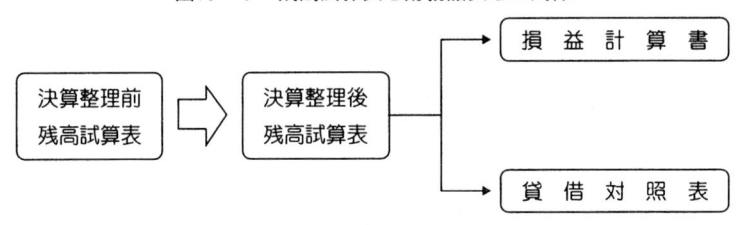

上記一連の流れの中で，決算整理後残高試算表と財務諸表（損益計算書および貸借対照表）との関係を図式化すると次のように示せる。

図10-4　決算整理後残高試算表と財務諸表との関係

例題10－7

次の湯川内商店の決算整理後残高試算表から，勘定式の損益計算書と貸借対照表を作成しなさい。

決算前整理後残高試算表
平成〇年3月31日

借方	勘定科目	貸方
800,000	現　　　　　　　金	
500,000	売　　掛　　　金	
	貸　倒　引　当　金	10,000
750,000	有　　価　　証　　券	
300,000	繰　　越　　商　　品	
25,000	消　　耗　　　品	
50,000	前　払　家　賃	
500,000	備　　　　　　　品	
	備品減価償却累計額	18,000
	買　　掛　　　金	225,000
	資　　本　　　金	2,500,000
	売　　　　　　　上	1,876,000
	受　取　手　数　料	30,000
900,000	仕　　　　　　　入	
600,000	給　　　　　　　料	
6,000	貸　倒　引　当　金　繰　入	
4,500	減　価　償　却　費	
70,000	支　払　家　賃	
75,000	消　耗　品　費	
50,000	有　価　証　券　評　価　損	
28,500	雑　　　　　　　損	
4,659,000		4,659,000

第10章 決算

解答

損　益　計　算　書

湯川内商店　　　　平成○年4月1日～平成○年3月31日

費　　　　用	金　　額	収　　　　益	金　　額
仕　　　　入	900,000	売　　　　上	1,876,000
給　　　　料	600,000	受　取　手　数　料	30,000
貸倒引当金繰入	6,000		
減 価 償 却 費	4,500		
支　払　家　賃	70,000		
消　耗　品　費	75,000		
有 価 証 券 評 価 損	50,000		
雑　　　　損	28,500		
当　期　純　利　益	172,000		
	1,906,000		1,906,000

貸　借　対　照　表

湯川内商店　　　　　　平成○年3月31日

資　　　　産	金　　額	負債・純資産	金　　額
現　　　　金	800,000	買　掛　金	225,000
売　掛　金（500,000）		資　本　金	2,500,000
貸倒引当金（10,000）	490,000	当　期　純　利　益	172,000
有　価　証　券	750,000		
繰　越　商　品	300,000		
消　耗　品	25,000		
前　払　家　賃	50,000		
備　　品（500,000）			
減価償却累計額（18,000）	482,000		
	2,897,000		2,897,000

練習問題9

1 次の決算整理事項にもとづいて，決算整理仕訳および精算表を示しなさい。
なお，総勘定元帳残高は，精算表の記入による。

(1) 商品に関する事項
　　期首商品棚卸高　¥100,000　　期末商品棚卸高　¥80,000
　　「売上原価」の行で計算する。
(2) 売掛金期末残高¥200,000に対し2％の貸倒れを見積もった。ただし，貸倒引当金勘定残高が¥3,000ある。
(3) 有価証券¥500,000を¥450,000に評価替えする。
(4) 建物に対し，定額法により減価償却を行う。なお，取得原価¥3,000,000。耐用年数は20年。残存価額は取得原価の10％とし，間接法で処理をする。
(5) 現金過不足¥2,000（借方残）は，決算日においても原因不明であるため，雑損とした。

	借　　方	金　　額	貸　　方	金　　額
(1)				
(2)				
(3)				
(4)				
(5)				

第10章 決　算

精　算　表
平成○年3月31日

勘定科目	試算表 借方	試算表 貸方	修正記入 借方	修正記入 貸方	損益計算書 借方	損益計算書 貸方	貸借対照表 借方	貸借対照表 貸方
(1) 繰 越 商 品	100,000		( )	( )			( )	
売　　　上		1,200,000				( )		
仕　　　入	1,000,000			( )				
売 上 原 価			( )		( )			
			( )	( )				
(2) 売 掛 金	( )						( )	
貸倒引当金		( )		( )				( )
貸倒引当金繰入			( )		( )			
(3) 有 価 証 券	500,000			( )			( )	
有価証券評価損			( )		( )			
(4) 建　　　物	3,000,000						( )	
減価償却累計額		270,000		( )				( )
減価償却費			( )		( )			
(3) 現金過不足	2,000			( )				
(　　　)			( )		( )			

2 次の期末修正事項について，決算整理仕訳を示し，精算表に記入しなさい。
(1) 家賃は月￥50,000であるが，11・12月の2カ月分が未払いとなっている。
(2) 支払家賃￥360,000のうち，￥60,000は来年度分であり，次期に繰り延べた。
(3) 受取家賃￥240,000のうち，￥40,000は前受分であり，次期に繰り延べた。
(4) 受取手数料は月￥1,000であるが，2カ月分が未収である。

(5) 消耗品の未使用高¥3,000を消耗品勘定に振り替えた。なお，購入時に消耗品費勘定で処理をしている。

	借　方	金　額	貸　方	金　額
(1)				
(2)				
(3)				
(4)				
(5)				

精　算　表

平成〇年3月31日

勘定科目	試算表		修正記入		損益計算書		貸借対照表	
	借方	貸方	借方	貸方	借方	貸方	借方	貸方
(1) 支払家賃	500,000		(　)		(　)			
(　)				(　)				(　)
(2) 支払家賃	360,000			(　)	(　)			
(　)			(　)				(　)	
(3) 受取家賃		240,000	(　)			(　)		
(　)				(　)				(　)
(4) 受取手数料		10,000	(　)			(　)		
(　)			(　)				(　)	
(3) 消耗品費	5,000			(　)	(　)			
(　)			(　)				(　)	

242

3 次の決算整理事項によって，下記の精算表の（　）の中に適切な金額を記入しなさい。

〔決算整理事項〕

(1) 期末商品棚卸高　¥75,000　　(2) 有価証券の期末評価額　¥50,000

(3) 貸倒引当金は売掛金残高の３％とする。

精　算　表

平成○年３月31日

勘定科目	試算表		修正記入		損益計算書		貸借対照表	
	借方	貸方	借方	貸方	借方	貸方	借方	貸方
繰越商品	80,000		(　)	(　)			(　)	
売上		500,000				(　)		
仕入	300,000		(　)	(　)	(　)			
有価証券	90,000			(　)			(　)	
有価証券評価損			(　)		(　)			
売掛金	100,000						(　)	
貸倒引当金		1,000		(　)				(　)
貸倒引当金繰入			(　)		(　)			

4 次の各勘定から，決算整理仕訳および決算振替仕訳を示し，各勘定を締め切りなさい。売上原価は，仕入勘定で計算する。ただし，期末商品棚卸高は¥120,000である。

繰　越　商　品

1/1　前期繰越　　150,000

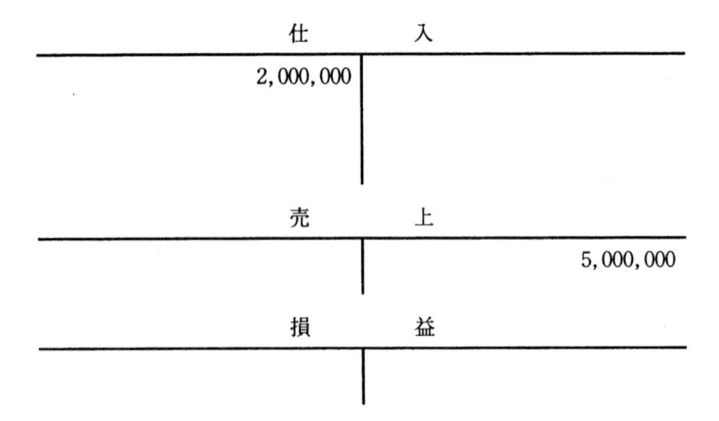

```
          仕        入
       2,000,000  |


          売        上
                   |  5,000,000


          損        益
                   |
```

	借　方	金　額	貸　方	金　額
(1)				
(2)				
(3)				

5 次の垂水商店の第3期(平成○年1月1日から12月31まで)末の総勘定元帳残高および決算事項にもとづいて，(1)決算整理仕訳を行い，(2)損益計算書と貸借対照表を作成しなさい。

〔総勘定元帳残高〕

現　　　金	¥ 253,000	当 座 預 金	¥1,350,000
売　掛　金	¥1,760,000	貸倒引当金	¥ 48,000
繰越商品	¥ 360,000	有価証券	¥ 850,000
備　　　品	¥2,000,000	買　掛　金	¥ 520,000
借　入　金	¥1,200,000	前　受　金	¥ 40,000
資　本　金	¥3,000,000	引　出　金	¥ 60,000
売　　　上	¥5,000,000	受取手数料	¥ 35,000
仕　　　入	¥2,000,000	給　　　料	¥ 900,000
支払家賃	¥ 200,000	広　告　料	¥ 150,000

雑　　費　￥　30,000　　　現金過不足(貸方)￥ 70,000

〔決算整理事項〕
(1) 商品の期末有高は￥300,000であった。売上原価は仕入勘定で計算する。
(2) 売掛金に対して5％の貸倒れを見積もる。
(3) 備品についての減価償却は，定額法で行う。耐用年数20年，残存価額は取得価額の10％とする。
(4) 有価証券の時価は￥750,000であった。
(5) 支払家賃のうち前払分は￥40,000であった。
(6) 引出金を整理する。
(7) 現金過不足（貸方残）￥70,000は，受取手数料の記入漏れであることがわかった。

(1) 決算整理仕訳

	借　　方	金　　額	貸　　方	金　　額
(1)				
(2)				
(3)				
(4)				
(5)				
(6)				
(7)				

(2) 損益計算書および貸借対照表

損 益 計 算 書

垂水商店　　　平成○年1月1日～平成○年12月31日

費　　　用	金　　額	収　　　益	金　　額

貸 借 対 照 表

垂水商店　　　平成○年12月31日

資　　　産	金　　額	負債・純資産	金　　額

第10章　決　　算

解　答

1

	借　　　　方	金　　額	貸　　　　方	金　　額
(1)	売　上　原　価	1,000,000	仕　　　　　　　入	1,000,000
	売　上　原　価	100,000	繰　越　商　品	100,000
	繰　越　商　品	80,000	売　上　原　価	80,000
(2)	貸倒引当金繰入	1,000	貸　倒　引　当　金	1,000
(3)	有価証券評価損	50,000	有　価　証　券	50,000
(4)	減　価　償　却　費	135,000	建物減価償却累計額	135,000
(5)	雑　　　　　損	2,000	現　金　過　不　足	2,000

精　算　表

平成〇年3月31日

勘定科目	試算表		修正記入		損益計算書		貸借対照表	
	借方	貸方	借方	貸方	借方	貸方	借方	貸方
(1) 繰越商品	100,000		80,000	100,000			80,000	
売　上		1,200,000				1,200,000		
仕　入	1,000,000			1,000,000				
売上原価			1,000,000 100,000	80,000	1,020,000			
～～～	～～～	～～～	～～～	～～～	～～～	～～～	～～～	～～～
(2) 売掛金	200,000						200,000	
貸倒引当金		3,000		1,000				4,000
貸倒引当金繰入			1,000		1,000			
～～～	～～～	～～～	～～～	～～～	～～～	～～～	～～～	～～～
(3) 有価証券	500,000			50,000			450,000	
有価証券評価損			50,000		50,000			
～～～	～～～	～～～	～～～	～～～	～～～	～～～	～～～	～～～
(4) 建物	3,000,000						3,000,000	
減価償却累計額		270,000		135,000				405,000
減価償却費			135,000		135,000			

	借方			貸方		
(3)	現金過不足	2,000			2,000	
	雑　　損		2,000			2,000

2

	借　　方	金　額	貸　　方	金　額
(1)	支 払 家 賃	100,000	未 払 家 賃	100,000
(2)	前 払 家 賃	60,000	支 払 家 賃	60,000
(3)	受 取 家 賃	40,000	前 受 家 賃	40,000
(4)	未 収 手 数 料	2,000	受 取 手 数 料	2,000
(5)	消 耗 品	3,000	消 耗 品 費	3,000

精　算　表
平成〇年3月31日

勘定科目	試算表 借方	試算表 貸方	修正記入 借方	修正記入 貸方	損益計算書 借方	損益計算書 貸方	貸借対照表 借方	貸借対照表 貸方
(1) 支払家賃	500,000		100,000		600,000			
未払家賃				100,000				100,000
(2) 支払家賃	360,000			60,000	300,000			
前払家賃			60,000				60,000	
(3) 受取家賃		240,000	40,000			200,000		
前受家賃				40,000				40,000
(4) 受取手数料		10,000		2,000		12,000		
未収手数料			2,000				2,000	
(3) 消耗品費	5,000			3,000	2,000			
消耗品			3,000				2,000	

3

精 算 表

平成○年3月31日

勘定科目	試算表 借方	試算表 貸方	修正記入 借方	修正記入 貸方	損益計算書 借方	損益計算書 貸方	貸借対照表 借方	貸借対照表 貸方
繰 越 商 品	80,000		75,000	80,000			75,000	
売　　　　上		500,000				500,000		
仕　　　　入	300,000		80,000	75,000	305,000			
〜〜〜〜〜〜	〜〜〜	〜〜〜	〜〜〜	〜〜〜	〜〜〜	〜〜〜	〜〜〜	〜〜〜
有 価 証 券	90,000			40,000			50,000	
有価証券評価損			40,000		40,000			
〜〜〜〜〜〜	〜〜〜	〜〜〜	〜〜〜	〜〜〜	〜〜〜	〜〜〜	〜〜〜	〜〜〜
売 掛 金	100,000						100,000	
貸倒引当金		1,000		2,000				3,000
貸倒引当金繰入			2,000		2,000			

4

繰 越 商 品

1／1 前期繰越	150,000	12／31 仕　　入	150,000
12／31 仕　　入	120,000	次期繰越	120,000
	270,000		270,000

仕　　入

	2,000,000	12／31 繰越商品	120,000
12／31 繰越商品	150,000	損　　益	2,030,000
	2,150,000		2,150,000

売　　上

12／31 損　　益	5,000,000		5,000,000

	損	益		
12/31 仕 入	2,030,000	12/31 売 上	5,000,000	

	借 方	金 額	貸 方	金 額
(1)	仕　　　　　入	150,000	繰　越　商　品	150,000
	繰　越　商　品	120,000	仕　　　　　入	120,000
(2)	売　　　　　上	5,000,000	損　　　　　益	5,000,000
(3)	損　　　　　益	2,030,000	仕　　　　　入	2,030,000

5

(1) 決算整理仕訳

	借 方	金 額	貸 方	金 額
(1)	仕　　　　　入	360,000	繰　越　商　品	360,000
	繰　越　商　品	300,000	仕　　　　　入	300,000
(2)	貸倒引当金繰入	40,000	貸　倒　引　当　金	40,000
(3)	減　価　償　却　費	90,000	備品減価償却累計額	90,000
(4)	有価証券評価損	100,000	有　価　証　券	100,000
(5)	前　払　家　賃	40,000	支　払　家　賃	40,000
(6)	資　　本　　金	60,000	引　　出　　金	60,000
(7)	現　金　過　不　足	70,000	受　取　手　数　料	70,000

【解　説】

(2) 貸倒引当金は，売掛金残高（¥1,760,000）×5％＝¥88,000である。
　　貸倒引当金残高が¥48,000あるため，（¥88,000－¥48,000）＝¥40,000

(3) 減価償却費（¥2,000,000－¥2,000,000×10％）÷20年＝¥90,000

(4) 有価証券評価損は，¥850,000－¥750,000＝¥100,000である。

(2) 損益計算書および貸借対照表

損 益 計 算 書

垂水商店　　　平成〇年1月1日～平成〇年12月31日

費　　　　用	金　　額	収　　　　益	金　　額
仕　　　　　入	2,060,000	売　　　　　上	5,000,000
給　　　　　料	900,000	受 取 手 数 料	105,000
支　払　家　賃	160,000		
広　　告　　料	150,000		
貸倒引当金繰入	40,000		
減 価 償 却 費	90,000		
有価証券評価損	100,000		
雑　　　　　費	30,000		
当　期　純　利　益	1,575,000		
	5,105,000		5,105,000

貸 借 対 照 表

垂水商店　　　平成〇年12月31日

資　　　　産	金　　額	負債・純資産	金　　額
現　　　　　金	253,000	買　　掛　　金	520,000
当　座　預　金	1,350,000	借　　入　　金	1,200,000
売　掛　金 (1,760,000)		前　　受　　金	40,000
貸倒引当金 (88,000)	1,672,000	資　　本　　金	2,940,000
有　価　証　券	750,000	当　期　純　利　益	1,575,000
繰　越　商　品	300,000		
前　払　家　賃	40,000		
備　　品 (2,000,000)			
減価償却累計額 (90,000)	1,910,000		
	6,275,000		6,275,000

（後藤　小百合）

巻末問題

1 合計試算表問題

次の取引にもとづいて合計試算表を作成しなさい。なお必要に応じて勘定科目を追加すること。

(1) 商品の仕入
  ① 掛仕入高¥85,000 このうち¥5,000を返品した。
  ② 小切手の振出しによる仕入高¥150,000
  ③ 現金による仕入¥15,000

(2) 商品の売上げ
  ① 掛売上高¥230,000 このうち¥1,500を値引きした。
  ② 野沢商店振出しの小切手の受取りによる売上高¥300,000
     なお、受け取った小切手は直ちに当座預金へ預け入れた。
  ③ 現金による売上¥45,000

(3) 当座預金の預入れ
  ① 売掛金回収高¥300,000
  ② 野沢商店から商品売上の代金として受け入れた小切手による預入れ高¥100,000 ((2)②参照)

(4) 小切手の振出し
  ① 借入金の支払い¥15,000 (利息¥300含む)
  ② 買掛金の支払い¥200,000
  ③ 給料の支払い¥30,000

(5) 現金による支払い
  ① 店の賃借料¥40,000
  ② 通信費¥1,000
  ③ 交通費¥2,000

合 計 試 算 表
平成○年2月28日

借方合計	月中取引高	前月繰越高	勘定科目	前月繰越高	月中取引高	貸方合計
		65,000	現　　　　金	5,000		
		423,500	当 座 預 金	11,200		
		350,000	売 　掛　 金	10,000		
		20,000	繰 越 商 品			
		11,000	備　　　　品			
		45,000	買 　掛 　金	275,000		
			借 　入 　金	33,000		
			資 　本 　金	536,000		
		1,200	売　　　　上	1,200,000		
		1,000,000	仕　　　　入	1,000		
		140,000	給　　　　料			
		4,000	交 　通 　費			
		7,500	水 道 光 熱 費			
		4,000	通 　信 　費			
		2,071,200		2,071,200		

解 答

合 計 試 算 表
平成○年2月28日

借方合計	月中取引高	前月繰越高	勘定科目	前月繰越高	月中取引高	貸方合計
110,000	45,000	65,000	現　　　　金	5,000	58,000	63,000
1,023,500	600,000	423,500	当 座 預 金	11,200	395,000	406,200
580,000	230,000	350,000	売 掛 金	10,000	301,500	311,500
20,000		20,000	繰 越 商 品			
11,000		11,000	備　　　　品			
250,000	205,000	45,000	買 掛 金	275,000	85,000	360,000
14,700	14,700		借 入 金	33,000		33,000
			資 本 金	536,000		536,000
2,700	1,500	1,200	売　　　　上	1,200,000	575,000	1,775,000
1,250,000	250,000	1,000,000	仕　　　　入	1,000	5,000	6,000
170,000	30,000	140,000	給　　　　料			
6,000	2,000	4,000	交 通 費			
7,500		7,500	水 道 光 熱 費			
5,000	1,000	4,000	通 信 費			
40,000	40,000		支 払 家 賃			
300	300		支 払 利 息			
3,490,700	1,419,500	2,071,200		2,071,200	1,419,500	3,490,700

【解　説】

(1)① （借）仕　　　　入　　85,000　　（貸）買　掛　金　　85,000
　　　（借）買　掛　金　　 5,000　　（貸）仕　　　　入　　 5,000
　② （借）仕　　　　入　 150,000　　（貸）当 座 預 金　 150,000
　③ （借）仕　　　　入　　15,000　　（貸）現　　　　金　　15,000
(2)① （借）売　掛　金　 230,000　　（貸）売　　　　上　 230,000
　　　（借）売　　　　上　　 1,500　　（貸）売　掛　金　　 1,500
　② （借）当 座 預 金　 300,000　　（貸）売　　　　上　 300,000

③	(借)	現		金	45,000	(貸)	売		上	45,000
(3)①	(借)	当	座 預	金	300,000	(貸)	売	掛	金	300,000
②	仕訳不要
(4)①	(借)	借	入	金	14,700	(貸)	当	座 預	金	15,000
		支	払 利	息	300					
②	(借)	買	掛	金	200,000	(貸)	当	座 預	金	200,000
③	(借)	給		料	30,000	(貸)	当	座 預	金	30,000
(5)①	(借)	支	払 家	賃	40,000	(貸)	現		金	40,000
②	(借)	通	信	費	1,000	(貸)	現		金	1,000
③	(借)	交	通	費	2,000	(貸)	現		金	2,000

(太田　裕隆)

2　合計残高試算表問題

次の資料(1)と(2)にもとづいて，答案用紙の平成○年1月31日の合計残高試算表を作成しなさい。　　　　　　　　　　（日商3級第112回改題）

(1) 期首貸借対照表

貸 借 対 照 表

平成○年1月1日

資　　　産	金　　額	負債・純資産	金　　額
現　　　　　金	250,000	支 払 手 形	340,000
当 座 預 金	600,000	買　　掛　　金	420,000
受 取 手 形	255,000	貸 倒 引 当 金	18,500
売　　掛　　金	670,000	未 払 利 息	8,000
商　　　　　品	550,000	備品減価償却累計額	82,800
前 払 家 賃	15,000	借　　入　　金	450,000
備　　　　　品	230,000	資　　本　　金	1,250,700
	2,570,000		2,570,000

(2) 1月中の取引高（同種取引をまとめている）
① 商品売上
  a. 掛売上高　¥700,000　うち¥28,000分返品
  b. 得意先振出しの小切手による売上高　¥400,000
    なお，受け入れた小切手は直ちに当座預金に預け入れた。
  c. 得意先振出しの約束手形受取りによる売上高　¥160,000
② 商品仕入
  a. 掛仕入高　¥470,000　うち¥16,000分値引
  b. 小切手振出しによる仕入高　¥280,000
  c. 約束手形の振出しによる仕入高　¥195,000
  d. 所有手形の裏書譲渡による仕入高　¥120,000
③ 当座預金預入れ
  a. 売上時の受入れ小切手による預入れ高　¥400,000
  b. 売掛代金回収高　¥500,000
  c. 手形代金取立高　¥200,000
  d. 店主からの追加元入高　¥150,000
④ 当座預金引出し
  a. 仕入代金の支払高　¥280,000
  b. 買掛代金の支払高　¥380,000
  c. 手形代金決済高　¥120,000
  d. 借入金（元金）支払高　¥50,000，利息支払高　¥12,000
⑤ 現金支払高
  a. 給　料　¥40,000
  b. 支払家賃　¥20,000
  c. 消耗品費　¥90,000
⑥ その他
  a. 前期から繰り越された売掛金の貸倒高　¥6,000
  b. 期首に前払家賃および未払利息をそれぞれ支払家賃および支払利息に

振り替える。

合計残高試算表
平成〇年1月31日

借方残高	借方合計	勘定科目	貸方合計	貸方残高
		現　　　　　金		
		当　座　預　金		
		受　取　手　形		
		売　　掛　　金		
		繰　越　商　品		
		前　払　家　賃		
		備　　　　　品		
		支　払　手　形		
		買　　掛　　金		
		貸　倒　引　当　金		
		未　払　利　息		
		備品減価償却累計額		
		借　　入　　金		
		資　　本　　金		
		売　　　　　上		
		仕　　　　　入		
		給　　　　　料		
		支　払　家　賃		
		消　耗　品　費		
		支　払　利　息		

解 答

合計残高試算表
平成○年1月31日

借方残高	借方合計	勘定科目	貸方合計	貸方残高
100,000	250,000	現　　　　　金	150,000	
1,008,000	1,850,000	当　座　預　金	842,000	
95,000	415,000	受　取　手　形	320,000	
836,000	1,370,000	売　　掛　　金	534,000	
550,000	550,000	繰　越　商　品		
	15,000	前　払　家　賃	15,000	
230,000	230,000	備　　　　　品		
	120,000	支　払　手　形	535,000	415,000
	396,000	買　　掛　　金	890,000	494,000
	6,000	貸　倒　引　当　金	18,500	12,500
	8,000	未　払　利　息	8,000	
		備品減価償却累計額	82,800	82,800
	50,000	借　　入　　金	450,000	400,000
		資　　本　　金	1,400,700	1,400,700
	28,000	売　　　　　上	1,260,000	1,232,000
1,049,000	1,065,000	仕　　　　　入	16,000	
40,000	40,000	給　　　　　料		
35,000	35,000	支　払　家　賃		
90,000	90,000	消　耗　品　費		
4,000	12,000	支　払　利　息	8,000	
4,037,000	6,530,000		6,530,000	4,037,000

（山﨑　敦俊）

3 精算表問題1

以下に示した(1)決算日までに判明した未処理の事項および(2)決算整理事項にもとづいて，答案用紙の精算表を完成しなさい。会計期間は平成19年1月1日から平成19年12月31日までの1年間である。

(1) 決算日までに判明した未処理の事項

① 得意先花はす商店から当座預金口座への振込額¥100,000は受取手形の回収にかかわるものであったが，売掛金の入金と誤って処理されたいたことが判明した。

② 仮払金は修繕費の概算払いしたものである。決算日に当たり修繕の完了が確認され，残額¥10,000が返金されていたが，未記帳であることが判明した。

③ 出張中の社員から当座預金口座へ振り込まれた¥90,000については，仮受金で処理していたが，¥60,000については得意先相川商会に対する売掛金で回収されたものであり，¥30,000については得意先岩室商店から受領した手付金であることが判明した。

④ 前受金は観音寺商店より受け取ったものであり，これにかかわる商品売上取引はすでに完了していたが，売上げは未計上であることが判明した。

(2) 決算整理事項

① 決算日に至り，現金過不足のうち¥3,000は受取手数料の記入漏れであることが判明したが，残額については原因不明であるので雑益として処理した。

② 受取手形および売掛金の期末残高に対して差額補充法により5％の貸倒引当金を設定する。

③ 売買目的有価証券の時価は¥145,000である。時価法により評価替えをする。

④ 期末商品棚卸高　¥252,000

⑤ 建物および備品については定額法により減価償却を行う。

　　建　　物：耐用年数25年　　残存価額：取得原価の10％

備　　品：耐用年数　5年　　　　残存価額：取得原価の10％
⑥　保険料は全額建物に対する火災保険料で，毎年同じ金額を3月1日にむこう1年分支払っている。
⑦　給料の未払額が￥45,000ある。
⑧　受取手数料の前受額が￥5,000ある。
⑨　支払利息の未払分が￥8,000ある。

精算表

(単位:円)

勘定科目	試算表 借方	試算表 貸方	修正記入 借方	修正記入 貸方	損益計算書 借方	損益計算書 貸方	貸借対照表 借方	貸借対照表 貸方
現　　　　金	130,000							
現 金 過 不 足		4,000						
当 座 預 金	248,000							
受 取 手 形	274,000							
売 掛 金	182,000							
売買目的有価証券	195,000							
貸 付 金	20,000							
仮 払 金	40,000							
繰 越 商 品	158,000							
建　　　　物	1,000,000							
備　　　　品	300,000							
支 払 手 形		112,000						
買 掛 金		181,000						
借 入 金		500,000						
前 受 金		25,000						
仮 受 金		90,000						
貸 倒 引 当 金		12,000						
建物減価償却累計額		216,000						
備品減価償却累計額		50,000						
資 本 金		1,000,000						
売　　　　上		2,297,000						
受 取 手 数 料		12,000						
受 取 利 息		1,000						
仕　　　　入	1,120,000							
給　　　　料	538,000							
支 払 家 賃	218,000							
通 信 費	43,000							
保 険 料	28,000							
支 払 利 息	6,000							
	4,500,000	4,500,000						
雑　　　　益								
(　　　　)								
貸倒引当金繰入								
有価証券評価損								
減 価 償 却 費								
(　　)手数料								
未 払 給 料								
(　　)保険料								
未 払 利 息								
当期純(　　)								

解答

精算表

(単位:円)

勘定科目	試算表 借方	試算表 貸方	修正記入 借方	修正記入 貸方	損益計算書 借方	損益計算書 貸方	貸借対照表 借方	貸借対照表 貸方
現　　　　金	130,000		10,000				140,000	
現 金 過 不 足		4,000	4,000					
当 座 預 金	248,000						248,000	
受 取 手 形	274,000			100,000			174,000	
売 　掛 　金	182,000		100,000	60,000			222,000	
売買目的有価証券	195,000			50,000			145,000	
貸 　付 　金	20,000						20,000	
仮 　払 　金	40,000			40,000				
繰 越 商 品	158,000		252,000	158,000			252,000	
建　　　　物	1,000,000						1,000,000	
備　　　　品	300,000						300,000	
支 払 手 形		112,000						112,000
買 　掛 　金		181,000						181,000
借 　入 　金		500,000						500,000
前 　受 　金		25,000	25,000	30,000				30,000
仮 　受 　金		90,000	90,000					
貸 倒 引 当 金		12,000		7,800				19,800
建物減価償却累計額		216,000		36,000				252,000
備品減価償却累計額		50,000		54,000				104,000
資 　本 　金		1,000,000						1,000,000
売　　　　上		2,297,000		25,000		2,322,000		
受 取 手 数 料		12,000	5,000	3,000		10,000		
受 取 利 息		1,000				1,000		
仕　　　　入	1,120,000		158,000	252,000	1,026,000			
給 　　　　料	538,000		45,000		583,000			
支 払 家 賃	218,000				218,000			
通 　信 　費	43,000				43,000			
保 　険 　料	28,000			4,000	24,000			
支 払 利 息	6,000		8,000		14,000			
	4,500,000	4,500,000						
雑　　　　益				1,000		1,000		
(修 繕 費)			30,000		30,000			
貸倒引当金繰入			7,800		7,800			
有価証券評価損			50,000		50,000			
減 価 償 却 費			90,000		90,000			
(前受)手数料				5,000				5,000
未 払 給 料				45,000				45,000
(前払)保険料			4,000				4,000	
未 払 利 息				8,000				8,000
当期純(利益)					248,200			248,200
			878,800	878,800	2,334,000	2,334,000	2,505,000	2,505,000

【解　説】
(1) 決算日までに判明した未処理の事項
　① 誤記入の訂正
　　a．誤った仕訳の逆仕訳
　　　（借）売　掛　金 100,000　（貸）当 座 預 金 100,000
　　b．正しい仕訳
　　　（借）当 座 預 金 100,000　（貸）受 取 手 形 100,000
　　c．訂正する仕訳
　　　（借）売　掛　金 100,000　（貸）受 取 手 形 100,000

精　算　表

勘定科目	試算表		修正記入		損益計算書		貸借対照表	
	借方	貸方	借方	貸方	借方	貸方	借方	貸方
受取手形	274,000			100,000			174,000	
売 掛 金	182,000		100,000				282,000	

　② 仮払金の精算
　　修繕費として¥40,000が精算表上の仮払金残高より読み取れる。修繕の完了に伴って，¥10,000が返金されていることから，修繕費は¥30,000となることが判明する。
　〔修正する仕訳〕
　　（借）修　繕　費 30,000　（貸）仮　払　金 40,000
　　　　　現　　　金 10,000

精　算　表

勘定科目	試算表		修正記入		損益計算書		貸借対照表	
	借方	貸方	借方	貸方	借方	貸方	借方	貸方
現　　金	130,000		10,000				140,000	
仮 払 金	40,000			40,000				
修 繕 費			30,000		30,000			

③ 仮受金の内容判明

仮受金¥90,000のうち相川商会の売掛金¥60,000を減少される。また，岩室商店の手付金¥30,000は前受金になるので，前受金勘定で処理する。

〔修正する仕訳〕

（借）仮　受　金　　90,000　　（貸）売　掛　金　　60,000
　　　　　　　　　　　　　　　　　　前　受　金　　30,000

精　算　表

勘定科目	試算表		修正記入		損益計算書		貸借対照表	
	借方	貸方	借方	貸方	借方	貸方	借方	貸方
売　掛　金	182,000		100,000	60,000			222,000	
仮　受　金		90,000	90,000					
前　受　金		25,000		30,000				55,000

④ 前受金の売上計上

精算表上の前受金残高¥25,000を，商品売上取引が完了しているため，売上げを計上する。

〔修正する仕訳〕

（借）前　受　金　　25,000　　（貸）売　　　　上　　25,000

精　算　表

勘定科目	試算表		修正記入		損益計算書		貸借対照表	
	借方	貸方	借方	貸方	借方	貸方	借方	貸方
前　受　金		25,000	25,000	30,000				30,000
売　　　上		2,297,000		25,000		2,322,000		

(2) 決算整理事項

① 現金過不足の整理

精算表上の現金過不足残高¥4,000の原因が，¥3,000は受取手数料と判明したので受取手数料勘定へ振り替え，残額の¥1,000については原因不

明のため雑益勘定へ振り替える。

〔修正する仕訳〕

(借)現 金 過 不 足　　4,000　　(貸)受 取 手 数 料　　3,000
　　　　　　　　　　　　　　　　　　雑　　　　　益　　1,000

精　算　表

勘定科目	試算表		修正記入		損益計算書		貸借対照表	
	借方	貸方	借方	貸方	借方	貸方	借方	貸方
現金過不足		4,000	4,000					
受取手数料		12,000		3,000		15,000		
雑　　　益				1,000		1,000		

② 貸倒引当金の設定

〔未処理事項の処理後〕

受取手形：¥274,000－¥100,000＝¥174,000

売 掛 金：¥182,000＋¥100,000－¥60,000＝¥222,000

貸倒引当金の対象金額：(受取手形)¥174,000＋(売掛金)¥222,000
　　　　　　　　　＝¥396,000

貸倒引当金額は，¥396,000×5％＝¥19,800となり差額補充法によるので，精算表残高¥12,000との差額¥7,800を計上する。

〔修正する仕訳〕

(借)貸倒引当金繰入　　7,800　　(貸)貸 倒 引 当 金　　7,800

精　算　表

勘定科目	試算表		修正記入		損益計算書		貸借対照表	
	借方	貸方	借方	貸方	借方	貸方	借方	貸方
貸倒引当金		12,000		7,800				19,800
貸倒引当金繰入			7,800		7,800			

③ 売買目的有価証券の評価

売買目的有価証券精算表残高¥195,000－時価¥145,000＝¥50,000

〔修正する仕訳〕

(借) 有価証券評価損　　50,000　　(貸) 売買目的有価証券　　50,000

精　算　表

勘定科目	試算表		修正記入		損益計算書		貸借対照表	
	借方	貸方	借方	貸方	借方	貸方	借方	貸方
売買目的有価証券	195,000			50,000			145,000	
有価証券評価損			50,000		50,000			

④ 棚卸商品の期末整理

精算表の繰越商品勘定の残高¥158,000は，期首商品棚卸高の残高である。よって，3分法により決算整理仕訳を行う。

期首商品棚卸高¥158,000　　期末商品棚卸高¥252,000

〔決算整理仕訳〕

(借) 仕　　　　入　　158,000　　(貸) 繰　越　商　品　　158,000
(借) 繰　越　商　品　252,000　　(貸) 仕　　　　入　　252,000

精　算　表

勘定科目	試算表		修正記入		損益計算書		貸借対照表	
	借方	貸方	借方	貸方	借方	貸方	借方	貸方
繰越商品	158,000		252,000	158,000			252,000	
仕入	1,120,000		158,000	252,000	1,026,000			

⑤ 減価償却の期末整理

建物：取得価額¥1,000,000（精算表より）耐用年数25年

(減価償却費)¥36,000＝$\dfrac{(取得原価)¥1,000,000－(残存価額)¥100,000}{(耐用年数)25年}$

備品：取得価額¥300,000（精算表より）耐用年数5年

$$（減価償却費）¥54,000 = \frac{（取得原価）¥300,000 -（残存価額）¥30,000}{（耐用年数）5年}$$

〔決算整理仕訳〕

（借）減 価 償 却 費　36,000　　（貸）建物減価償却累計額　36,000

（借）減 価 償 却 費　54,000　　（貸）備品減価償却累計額　54,000

精　算　表

勘定科目	試算表		修正記入		損益計算書		貸借対照表	
	借方	貸方	借方	貸方	借方	貸方	借方	貸方
建物減価償却累計額		216,000		36,000				252,000
備品減価償却累計額		50,000		54,000				104,000
減価償却費			90,000		90,000			

⑥　前払保険料の計上

　当期首には前期末に計上した前払保険料の再振替仕訳を行っているので，精算表上の試算表の保険料勘定には，下記のとおり再振替仕訳された前期分の保険料2カ月分と当期中に支払った保険料12カ月分が合算されている状況である。

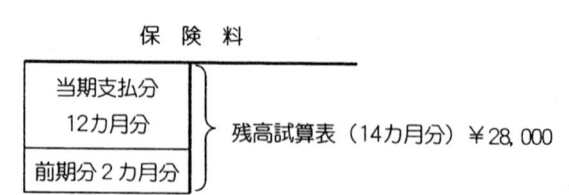

保　険　料

当期支払分12カ月分　　　　
前期分2カ月分　　　　　　　｝残高試算表（14カ月分）¥28,000

翌期に繰延される保険料の算定：$¥28,000 \times \dfrac{2カ月}{14カ月} = ¥4,000$

〔決算整理仕訳〕

（借）前 払 保 険 料　4,000　　（貸）保　　険　　料　4,000

精算表

勘定科目	試算表 借方	試算表 貸方	修正記入 借方	修正記入 貸方	損益計算書 借方	損益計算書 貸方	貸借対照表 借方	貸借対照表 貸方
前払保険料			4,000				4,000	
保険料	28,000			4,000	24,000			

⑦ 給料の未払計上

〔決算整理仕訳〕

　　（借）給　　　料　45,000　　（貸）未払給料　45,000

精算表

勘定科目	試算表 借方	試算表 貸方	修正記入 借方	修正記入 貸方	損益計算書 借方	損益計算書 貸方	貸借対照表 借方	貸借対照表 貸方
未払給料				45,000				45,000
給料	538,000		45,000		583,000			

⑧ 前受手数料の計上

〔決算整理仕訳〕

　　（借）受取手数料　5,000　　（貸）前受手数料　5,000

精算表

勘定科目	試算表 借方	試算表 貸方	修正記入 借方	修正記入 貸方	損益計算書 借方	損益計算書 貸方	貸借対照表 借方	貸借対照表 貸方
前受手数料				5,000				5,000
受取手数料		12,000	5,000	3,000		10,000		

⑨ 未払利息の未払計上

〔決算整理仕訳〕

　　（借）支払利息　8,000　　（貸）未払利息　8,000

精　算　表

勘定科目	試算表		修正記入		損益計算書		貸借対照表	
	借方	貸方	借方	貸方	借方	貸方	借方	貸方
未払利息				8,000				8,000
支払利息	6,000		8,000		14,000			

⑩　当期純利益の計算

　損益計算書または貸借対照表の貸借差額により、当期純利益を計算する。

　　損益計算書（収益合計）￥2,334,000－（費用合計）￥2,085,800

　　＝当期純利益￥248,200

　　貸借対照表（借方）￥2,505,000－（貸方）￥2,256,800

　　＝当期純利益￥248,200

（吉田　雅彦）

4 精算表問題 2

次の期末修正事項によって，精算表を完成させなさい。ただし，決算日は，平成19年10月31日で，会計期間は1年とする。　　　　（日商3級第67回改題）

(1) 売上債権残高に対して，3％の貸倒引当金を実績法により見積もる。
(2) 売買目的有価証券を¥140,000に評価替えする。
(3) 期末商品棚卸高は¥390,000である（売上原価は「仕入」の行で計算する）。
(4) 備品について定額法により減価償却を行う。なお，耐用年数は8年，残存価額は取得原価の10％とする。
(5) 支払家賃は，1カ月¥9,000であるが，毎年6月末と12月末に6カ月分をまとめて後払いしている。
(6) 保険料¥18,000は平成19年5月1日から1年分の保険料の支払額である。

精算表

(単位：円)

勘定科目	試算表 借方	試算表 貸方	修正記入 借方	修正記入 貸方	損益計算書 借方	損益計算書 貸方	貸借対照表 借方	貸借対照表 貸方
現　　　　金	36,000							
当 座 預 金	162,000							
受 取 手 形	50,000							
売 掛 金	100,000							
売買目的有価証券	160,000							
繰 越 商 品	262,000							
備　　　　品	80,000							
支 払 手 形		140,000						
買 掛 金		242,000						
借 入 金		280,000						
貸倒引当金		2,800						
減価償却累計額		18,000						
資 本 金		200,000						
売　　　　上		470,000						
受取手数料		7,200						
仕　　　　入	360,000							
給　　　　料	60,000							
支 払 家 賃	72,000							
保 険 料	18,000							
	1,360,000	1,360,000						
貸倒引当金繰入								
有価証券(　　)								
減価償却費								
未払(　　)								
前払(　　)								
当期(　　)								

巻末問題

解 答

精 算 表

（単位：円）

勘定科目	試算表 借方	試算表 貸方	修正記入 借方	修正記入 貸方	損益計算書 借方	損益計算書 貸方	貸借対照表 借方	貸借対照表 貸方
現　　　　金	36,000						36,000	
当 座 預 金	162,000						162,000	
受 取 手 形	50,000						50,000	
売 掛 金	100,000						100,000	
売買目的有価証券	160,000			20,000			140,000	
繰 越 商 品	262,000		390,000	262,000			390,000	
備　　　　品	80,000						80,000	
支 払 手 形		140,000						140,000
買 掛 金		242,000						242,000
借 入 金		280,000						280,000
貸 倒 引 当 金		2,800		1,700				4,500
減価償却累計額		18,000		9,000				27,000
資 本 金		200,000						200,000
売　　　　上		470,000				470,000		
受 取 手 数 料		7,200				7,200		
仕　　　　入	360,000		262,000	❸390,000	232,000			
給　　　　料	60,000				60,000			
支 払 家 賃	72,000		36,000		108,000			
保 険 料	18,000			9,000	9,000			
	1,360,000	1,360,000						
貸倒引当金繰入			❶ 1,700		1,700			
有価証券(評価損)			❷ 20,000		20,000			
減 価 償 却 費			❹ 9,000		9,000			
未払(家　賃)				36,000				❺ 36,000
前払(保険料)			9,000				❻ 9,000	
当期(純利益)					37,500			37,500
			727,700	727,700	477,200	477,200	967,000	967,000

【解　説】

① （¥50,000＋¥100,000）×0.03＝¥4,500で，当期分の見積額は実績法であ

273

るから，前期の貸倒引当金残高を差し引いた額（¥4,500－¥2,800＝¥1,700）を計上すればよい。

（借）貸倒引当金繰入　　1,700　　（貸）貸倒引当金　　1,700

② （¥160,000－¥140,000）＝¥20,000を有価証券評価損として計上すればよい。

（借）有価証券評価損　　20,000　　（貸）売買目的有価証券　　20,000

③ a　期首商品棚卸高¥262,000を，仕入勘定の借方に振り替える。

（借）仕　　　　入　　262,000　　（貸）繰　越　商　品　　262,000

b　期末商品棚卸高¥390,000を仕入勘定から繰越商品勘定に振り替える。

（借）繰　越　商　品　　390,000　　（貸）仕　　　　入　　390,000

　　　　aとbより「仕入」の行で売上原価¥232,000が計算され，P／Lの借方に記入する。

④ 定額法の減価償却費の計算は，次のようになる。

（取得原価¥80,000－残存価額¥8,000）÷耐用年数8年＝¥9,000

（借）減　価　償　却　費　　9,000　　（貸）減価償却累計額　　9,000

⑤ 家賃は6月末と12月末に6カ月分を後払いしていることから，決算日10月31日からみて，前回は6月末に支払っていることになる。よって，7月1日から10月31日までの4カ月が未払いであるため，未払家賃勘定で計上すればよい。

¥9,000×4カ月＝¥36,000（未払家賃の額）

（借）支　払　家　賃　　36,000　　（貸）未　払　家　賃　　36,000

⑥ 平成19年5月1日に1年分の保険料として支払った¥18,000のうち，決算日以降の11月1日から4月30日までの6カ月分が前払いであるため，前払保険料勘定で計上すればよい。

$¥18,000 \times \dfrac{6 カ月}{12 カ月} = ¥9,000$（前払保険料の額）

（借）前　払　保　険　料　　¥9,000　　（貸）保　　険　　料　　¥9,000

（岡田　裕之）

5 精算表問題 3

次に示した，(1)決算日までに判明した未処理事項，および(2)期末整理事項にもとづいて，答案用紙の精算表を完成しなさい。なお，会計期間は平成19年1月1日から12月31日までの1年間である。　　　　　（日商3級第113回改題）

(1) 決算日までに判明した未処理事項
① 決算直前に得意先赤倉商店に販売した商品に品違いがあり，原価¥60,000（売価¥75,000）の商品が返品されてきたが，この取引が処理されていなかった。この返品分については，同店に対する売掛金と相殺することとした。
② 得意先から受け入れた約束手形¥250,000を買掛金支払いのため，仕入先太平商店に裏書譲渡していたが，この取引が処理されていなかった。
③ 出張中の社員から当座預金口座へ振り込まれた¥70,000については，仮受金で処理していたが，¥50,000については得意先白布商店に対する売掛金を回収したものであり，¥20,000については得意先蔵王商店から受領した手付金であることが判明した。

(2) 期末整理事項
① 決算日に至り，現金過不足のうち¥2,000は受取手数料の記入漏れであることが判明したが，残りについては原因不明のままであるから雑益として処理した。
② 受取手形および売掛金の期末残高に対して3％の貸倒れを見積もる。貸倒引当金の設定は差額補充法による。
③ 売買目的有価証券の時価は，¥920,000である。時価法により評価替えをする。
④ 期末商品の棚卸高は¥40,000である。なお，この期末商品棚卸高には，(1)決算日までに判明した未処理事項における返品分は含まれていない。売上原価は「仕入」の行で計算すること
⑤ 建物及び備品については，定額法により減価償却を行う。
　　建物：耐用年数24年　　残存価額：取得原価の10％

　　　　備品：耐用年数５年　　　残存価額：取得原価の10％
⑥　借入金は，平成19年９月１日に借入期間９カ月，年利率３％の条件で借入れたもので，利息は元金とともに返済時に支払うことになっている。利息については月割り計算による。
⑦　保険料は，全額建物に対する火災保険料で，毎年同じ金額を３月１日にむこう１年分支払っている。
⑧　消耗品の期末未消費高は¥3,500である。
⑨　家賃の未収分は¥10,000ある。

精算表

(単位:円)

勘定科目	試算表 借方	試算表 貸方	修正記入 借方	修正記入 貸方	損益計算書 借方	損益計算書 貸方	貸借対照表 借方	貸借対照表 貸方
現　　　　金	131,000							
現 金 過 不 足		4,000						
当 座 預 金	913,000							
受 取 手 形	509,000							
売 　掛　 金	649,000							
売買目的有価証券	850,000							
繰 越 商 品	78,000							
未 　収　 金	30,000							
建　　　　物	2,300,000							
備　　　　品	700,000							
支 払 手 形		288,000						
買 　掛　 金		712,000						
借 　入　 金		600,000						
前 　受　 金		15,000						
仮 　受　 金		80,000						
貸 倒 引 当 金		4,000						
建物減価償却累計額		483,000						
備品減価償却累計額		306,000						
資 　本　 金		2,500,000						
売　　　　上		9,375,000						
受 取 手 数 料		52,000						
仕　　　　入	6,562,000							
給　　　　料	936,000							
支 払 地 代	276,000							
旅 費 交 通 費	167,000							
通 　信　 費	112,000							
消 耗 品 費	66,000							
保 　険　 料	112,000							
支 払 利 息	28,000							
	14,419,000	14,419,000						
貸倒引当金繰入								
有価証券(　　)								
減 価 償 却 費								
(　　)保険料								
(　　)利　息								
受 取 家 賃								
雑 (　　)								
(　　)家　賃								
当期純(　　)								

解 答

精算表

(単位:円)

勘定科目	試算表 借方	試算表 貸方	修正記入 借方	修正記入 貸方	損益計算書 借方	損益計算書 貸方	貸借対照表 借方	貸借対照表 貸方
現 金	131,000						131,000	
現金過不足		4,000	4,000					
当 座 預 金	913,000						913,000	
受 取 手 形	509,000			250,000			259,000	
売 掛 金	649,000			125,000			524,000	
売買目的有価証券	850,000		70,000				920,000	
繰 越 商 品	78,000		100,000	78,000			100,000	
未 収 金	30,000						30,000	
建 物	2,300,000						2,300,000	
備 品	700,000						700,000	
支 払 手 形		288,000						288,000
買 掛 金		712,000	250,000					462,000
借 入 金		600,000						600,000
前 受 金		15,000		20,000				35,000
仮 受 金		80,000	70,000					10,000
貸倒引当金		4,000		19,490				23,490
建物減価償却累計額		483,000		86,250				569,250
備品減価償却累計額		306,000		126,000				432,000
資 本 金		2,500,000						2,500,000
売 上		9,375,000	75,000			9,300,000		
受 取 手 数 料		52,000		2,000		54,000		
仕 入	6,562,000		78,000	100,000	6,540,000			
給 料	936,000				936,000			
支 払 地 代	276,000				276,000			
旅 費 交 通 費	167,000				167,000			
通 信 費	112,000				112,000			
消 耗 品 費	66,000			3,500	62,500			
保 険 料	112,000			16,000	96,000			
支 払 利 息	28,000		6,000		34,000			
	14,419,000	14,419,000						
貸倒引当金繰入			19,490		19,490			
有価証券(評価損)				70,000		70,000		
減価償却費			212,250		212,250			
(消 耗 品)			3,500				3,500	
(前払)保険料			16,000				16,000	
(未払)利 息				6,000				6,000
受 取 家 賃				10,000		10,000		
雑 (益)				2,000		2,000		
(未収)家 賃			10,000				10,000	
当期純(利益)					980,760			980,760
			914,240	914,240	9,436,000	9,436,000	5,906,500	5,906,500

【解 説】

(1) 未処理事項

① (借) 売　　　　上　75,000　　(貸) 売　掛　金　75,000

なお，返品された原価￥60,000は，商品として期末商品棚卸高（在庫としての繰越商品）に加算する。

② (借) 買　　掛　　金　250,000　(貸) 受　取　手　形　250,000

買掛金の支払いをするため，受取手形を支出したことになる。

③ (借) 仮　　受　　金　70,000　　(貸) 売　掛　金　50,000

　　　　　　　　　　　　　　　　　　　前　受　金　20,000

(2) 期末整理事項

① (借) 現　金　過　不　足　4,000　(貸) 受　取　手　数　料　2,000

　　　　　　　　　　　　　　　　　　　雑　　益　　2,000

② 貸倒引当金の計算（差額補充法）

受取手形残高の計算　509,000−250,000((1)②より) =259,000

売掛金残高の計算　649,000−75,000((1)①より) −50,000((1)③より)

　　　　　　　　=524,000

(259,000+524,000)×3％(0.03) =23,490（貸倒引当金の設定額）

差額を補充すればよいのであるから，4,000を差し引き，残りの仕訳を行う。

(借) 貸倒引当金繰入　19,490　(貸) 貸倒引当金　19,490

③ (借) 売買目的有価証券　70,000　(貸) 有価証券評価益　70,000

精算表の残高試算表に示されている金額￥850,000が時価評価で￥920,000になり，その差額￥70,000が評価益となる。

④ 売上原価の計算

繰越商品と仕入の差し替えで売上原価を計算するので

(借) 仕　　入　78,000　　(貸) 繰　越　商　品　78,000

(借) 繰　越　商　品　100,000　(貸) 仕　　入　100,000

の仕訳を行う。いったん期首の繰越商品を仕入に加算して，期末商品棚卸

高を期末の繰越商品（資産）と仕入（売上原価）の控除で決算時に在庫商品（繰越商品）を確定する。

期末商品棚卸高 $40,000+60,000((1)①)=100,000$

⑤ 減価償却費の計算

建物　取得原価　$2,300,000-2,300,000\times\dfrac{10\%}{24年}=86,250$

備品　取得原価　$700,000-700,000\times\dfrac{10\%}{5年}=126,000$

（借）減 価 償 却 費　212,250　　（貸）建物減価償却累計額　86,250
　　　　　　　　　　　　　　　　　　　　備品減価償却累計額　126,000

定額法なので，単純に取得原価より残存価額を引いて，耐用年数で割ればよい。

⑥ 借入金の利息計算

$600,000\times 3\%(0.03)\times\dfrac{9カ月}{12カ月}=13,500$

決算日までに発生している未払利息の計算（9月～12月までの4カ月分）

$13,500\times\dfrac{4カ月}{9カ月}=6,000$ が未払利息となる。

（借）支 払 利 息　6,000　　（貸）未 払 利 息　6,000

⑦ 火災保険料の計算

精算表に示されている保険料¥112,000は1年＋2カ月＝14カ月分であるので，2カ月分が前払いとなる。

$112,000\times\dfrac{2カ月}{14カ月}=16,000$

（借）前 払 保 険 料　16,000　　（貸）保　険　料　16,000

⑧ 消耗品の未使用高　3,500

（借）消　耗　品　3,500　　（貸）消 耗 品 費　3,500

消耗品の未使用高¥3,500を消耗品費から控除する。

⑨ 受取家賃の未処分　10,000

（借）未 収 家 賃　10,000　　（貸）受 取 家 賃　10,000

（大輪　好輝）

索　引

〔あ〕
預り金勘定 ……………………169
洗替法 …………………………214

〔い〕
移動平均法 ………………………87
インプレストシステム ………50

〔う〕
受取手形勘定 …………………124
受取手形記入帳 ………………130
受取人 …………………………125
受取配当金勘定 ………………121
裏書譲渡 ………………………128
売上原価勘定 …………………214
売上帳 ……………………………85
売上伝票 …………………………58
売掛金勘定 ………………………90
売掛金元帳 ………………………92

〔え〕
営利簿記 …………………………2

〔か〕
買入順法 …………………………87
買掛金勘定 ………………………90
買掛金元帳 ………………………92
会計期間 …………………………4
会計年度 …………………………4
確定申告 ………………………187
掛取引 ……………………………90
貸倒れ ……………………………95
貸倒引当金勘定 …………………96
貸倒引当金繰入勘定 ……………96
貸倒引当金戻入勘定 ……………99

貸付金勘定 ……………………159
借入金勘定 ……………………160
仮受金勘定 ……………………172
仮払金勘定 ……………………171
為替手形 ………………………124
勘定 ………………………………10
勘定科目 …………………………10
勘定口座 …………………………11
間接法 …………………………141

〔き〕
期間 ……………………………191
期間損益計算 …………………191
期首 ………………………………4
期末 ………………………………4

〔く〕
繰越試算表 ………………………35
繰延べ …………………………191

〔け〕
経営成績 ……………………1, 235
経過勘定 ………………………191
継続企業 ………………………191
決算 ………………………30, 211
決算整理 ………………………213
決算整理事項 …………………213
決算整理仕訳 ……………80, 213
決算手続き ………………28, 211
決算日 ……………………30, 211
減価償却 ………………………140
減価償却の記帳方法 …………141
減価償却費 ……………………140
減価償却累計額勘定 …………141
現金過不足 ……………………214
現金出納帳 ………………………45

281

〔こ〕

合計残高試算表…………………24, 237
合計試算表………………………24, 237
小書き……………………………………19
小口現金…………………………………50
固定資産………………………………135
固定資産売却損勘定………………144, 146

〔さ〕

再修正仕訳……………………………193
財政状態……………………………1, 235
再振替仕訳……………………………193
差額補充法…………………………97, 214
先入先出法………………………………87
雑益………………………………………47
雑損………………………………………47
残存価額………………………………140
残高試算表…………………………24, 237
3分法……………………………………76

〔し〕

仕入勘定………………………………214
仕入先元帳………………………………92
仕入帳……………………………………84
仕入伝票…………………………………58
時価法…………………………………123
次期繰越…………………………………34
試算表……………………………………24
実績法……………………………………96
支払手形勘定…………………………124
支払手形記入帳………………………130
資本金勘定……………………………185
資本的支出……………………………137
資本等式…………………………………3
収益………………………………………6
修繕費勘定……………………………136
出金伝票…………………………………58

取得原価………………………………140
純資産(資本)…………………………183
純損益……………………………………5
償却債権取立益勘定…………………103
商品有高帳………………………………86
商品券勘定……………………………174
消耗品…………………………………214
仕訳………………………………………15
仕訳帳……………………………………19
人名勘定…………………………………91

〔す〕

随時前渡制………………………………50

〔せ〕

精算表………………………………27, 212
前期繰越…………………………………34

〔そ〕

総勘定元帳………………………………20
総記法……………………………………75
損益勘定…………………………………31
損益計算書……………………………235
損益計算書等式…………………………7
損益の整理……………………………191

〔た〕

貸借対照表……………………………235
貸借対照表等式…………………………4
貸借平均の原理…………………………24
耐用年数………………………………140
立替金勘定……………………………168
棚卸表…………………………………214
単式簿記…………………………………2

〔ち〕

帳簿の締切り…………………………223
直接法…………………………………141

索　引

〔て〕

T字形……………………………………11
定額資金前渡制………………………50
定額法…………………………………140
手形貸付金勘定………………………131
手形借入金勘定………………………131
手形の割引……………………………129
手形売却損勘定………………………130
転記………………………………………16

〔と〕

当座借越…………………………………53
当座勘定…………………………………53
統制勘定…………………………………93
得意先元帳………………………………92
取引………………………………………10
取引要素の結合関係……………………13

〔な〕

名宛人……………………………124, 125

〔に〕

入金伝票…………………………………58

〔は〕

売買目的有価証券勘定……………117, 119
8桁精算表……………………………220
発生主義会計…………………………191

〔ひ〕

非営利簿記………………………………2
引当金勘定……………………………187
引出金……………………………………14
費用………………………………………6
評価勘定…………………………………96

〔ふ〕

複式簿記…………………………………2

〔振〕

振替………………………………………31
振替仕訳…………………………………31
振替伝票…………………………………58
振出人……………………………124, 125
分記法……………………………………75

〔ま〕

前受金勘定……………………………166
前受収益…………………………191, 198
前受収益勘定…………………………196
前払金勘定……………………………165
前払費用…………………………191, 195
前払費用勘定…………………………193

〔み〕

見越し…………………………………191
未収金勘定……………………………162
未収収益…………………………192, 206
未収収益勘定…………………………203
未払金勘定……………………………163
未払費用…………………………192, 202
未払費用勘定…………………………199

〔も〕

戻入法…………………………………214
元帳………………………………………20

〔や〕

約束手形………………………………124

〔ゆ〕

有価証券勘定…………………………117
有価証券の評価替え…………………123
有価証券売却益勘定…………………119
有価証券売却損勘定…………………119
有価証券評価益勘定…………………123
有価証券評価損勘定…………………123
有価証券利息勘定……………………121
有形固定資産…………………………135

〔よ〕

予定納税制度 …………………………188

編著者紹介

田中 久夫（たなか ひさお）

- 出 身：昭和32年群馬県高崎市生まれ
- 学 歴：中央大学商学部会計学科卒業後，明治大学大学院経営学研究科を経て，横浜市立大学大学院経営学研究科修了
- 現 職：高崎経済大学理事・副学長・経済学部教授
  博士（経営学）
- 専 攻：会計学，会社法，税法
- 主な著書：
  単著『商法と税法の研究』森山書店
  単著『商法と税法の接点（三訂版）』財経詳報社（第13回日本税理士会連合会学術研究奨励賞受賞）
  単著『税務会計論序説』税務経理協会
  編著『不動産投資』ダイヤモンド社
  編著『現代会計システム論』税務経理協会
  編著『現代企業・法と会計の周辺事情』税務経理協会
  編著『逐条解説 改正商法施行規則（計算規定）』税務経理協会
  編著『会計学を学んだあとの法人税法セミナー』学陽書房
  その他多数

著者との契約により検印省略

平成19年5月1日　初版　発行	**新会社法対応「精算表」完全理解**
平成27年4月1日　初版2刷発行	**ベーシック簿記テキスト**

編 著 者	田 中 久 夫
発 行 者	大 坪 嘉 春
印 刷 所	税経印刷株式会社
製 本 所	株式会社　三森製本所

発行所　東京都新宿区下落合2丁目5番13号　株式会社　税務経理協会
郵便番号 161-0033　振替 00190-2-187408　電話 (03)3953-3301(編集部)
FAX (03)3565-3391　(03)3953-3325(営業部)
URL http://www.zeikei.co.jp/
乱丁・落丁の場合はお取替えいたします。

© 田中久夫 2007　　Printed in Japan

本書の内容の一部又は全部を無断で複写複製（コピー）することは，法律で認められた場合を除き，著者及び出版社の権利侵害となりますので，コピーの必要がある場合は，あらかじめ当社あて許諾を求めて下さい。

ISBN978-4-419-04923-2　C1063